海国图志丛书

西南大学海国图志书院　主办	主　　编　林国基　崔延强
上海世界观察研究院　　　协办	执行主编　王　恒　林国华

德意志问题

〔英〕英国皇家国际事务研究所 著 林国荣 译

图书在版编目(CIP)数据

德意志问题/英国皇家国际事务研究所著;林国荣译. —北京:北京大学出版社,2015.10
 ISBN 978-7-301-24179-0

Ⅰ.①德… Ⅱ.①英… ②林… Ⅲ.①德意志帝国—历史—研究 Ⅳ.①K516.42

中国版本图书馆 CIP 数据核字(2014)第 081347 号

The Problem of Germany: An Interim Report By A Chatham House Study Group(New York Toronto Bombay Melbourne Cape Town: Oxford University Press)
First published, June 1943
Reprinted, with certain revision, October 1943
Reprinted, April 1944
Reprinted, June 1945

书　　　名	德意志问题 DEYIZHI WENTI
著作责任者	〔英〕英国皇家国际事务研究所　著　林国荣　译
责 任 编 辑	倪宇洁　毛晓秋(特约)
标 准 书 号	ISBN 978-7-301-24179-0
出 版 发 行	北京大学出版社
地　　　址	北京市海淀区成府路205号　100871
网　　　址	http://www.pup.cn
电 子 信 箱	ss@pup.pku.edu.cn
新 浪 微 博	@北京大学出版社
电　　　话	邮购部 62752015　发行部 62750672　编辑部 62753121
印 刷 者	北京大学印刷厂
经 销 者	新华书店
	965毫米×1300毫米　16开本　11.75印张　151千字 2015年10月第1版　2015年10月第1次印刷
定　　　价	28.00元

未经许可,不得以任何方式复制或抄袭本书之部分或全部内容。
版权所有,侵权必究
举报电话:010-62752024　电子信箱:fd@pup.pku.edu.cn
图书如有印装质量问题,请与出版部联系,电话:010-62756370

译者导言

本书源自世界著名智库、英国皇家国际事务研究所组织人手完成的一份报告。报告的出发点和目标是单一的，那就是"大不列颠的安全"，这一点很明确。报告完成于1942年，希特勒在此前一年发动的"巴巴罗萨计划"正是在这段时间遭遇了决定性的"莫斯科之冬"，北非战事也在这段时间陷入停滞局面，纳粹的命运可以说在这一刻已经注定了。因此，这份报告尽管在成稿的标题中自称"中期报告"，但这并非意味着报告本身的应时性质或者过渡性质，相反，报告本身分别在1943年、1944年和1945年连续重印，这充分说明了这份报告的分量并不会因为时间和环境的改变而折损或者消逝。正如前言和概要中指出的："我们将选择那些最不可能因为时间流逝而失效的问题，而非那些主要属于清算程序的问题（诸如惩治战犯、修复战争破坏或者秩序和重建等即时问题）。清算程序所采取的步骤以及态度，确实会对后续事件产生不可谓不重大的影响,但是这些问题本身应当在长远观点中获得导向。"这份报告的意图并非就这些重大问题给出最终之言,事实上这些问题根本就不存在终极之言,"即便胜利的预示在今天已经比当初清晰得多了"。

报告所谓的"长远观点"实际上是回溯性质的,而非前瞻性质的,确切地说,这份报告无意像国际战略领域的研究报告通常会做的那样,以自我强迫的形式扮演普罗米修斯的角色,相反,这份报告满足于在对一个时代的境遇进行完整剖析的前提下,提请人们对过去和当前的人类处境保持理智和清醒。毫无疑问,这份报告忠实且充分地履行了埃庇米修斯的义务。报告的字里行间都要求人们不要忘记《凡尔赛条约》所造成的悲剧,不要汲汲于建立复仇式的清算机制,却忘记了彼此间即便作为往日的仇敌也不可能剪断的关联和倚靠;让仇恨取代记忆往往是开启通往另一场灾难之门的钥匙,也许历史很难重演,但历史中蕴涵的很多问题则是不会失效的,人们应当依照这些问题建立起"长远观点"。这些问题在第一次世界大战之时已经揭示出来,但在民族主义情绪甚嚣尘上的时代,这些问题最终无法沉淀为"历史教训"并为人们所汲取。沃尔姆赛德勒少校在 1941 年 5 月 26 日的《德意志信使》的访谈中谈道:"《凡尔赛条约》规定要将上次战争中的德意志武装全部剪除,并差不多完全摧毁德意志的军事工业。但是敌人忘记了在这样一件事情上向德意志发布禁令,那就是重整军备问题上的精神主张以及精神准备。德意志的防卫意志是他们无法加以奴役的,因此,在战败的早期阶段,重整军备的基础工作就已经奠立了,尽管有各种控制委员会和监督举措。他国的军事发展都在德意志得到了仔细研究,训练出一批军官,遵循上次世界大战的经验,开启了新的军事研究、建设和测试活动。德意志国家自身能够提供的帮助极少,陆军军械部不得不靠自身的主动性和责任感来执行大多数的举措。因此,1933年元首上台之时,就发现进一步扩张军力的基础已经奠定了。"确实,有复仇之心却无复仇之志,有复仇之政策,但完全缺乏将政策贯彻到底的资源和能力,此种局面只能刺激更大的仇恨和敌意,不会带来任何建设性结果。依托任何联盟或者联邦体系获得的国际保证,若缺乏这样的意志和执行力作为后盾,都将无果而终,宗教战争时期的新旧教联盟以及美国内战前夜的《邦联条例》实质上都并非和平的保证,而是战争的干柴堆,究其因由,也正在于此。这也正是凯恩斯在《和平的经济后果》一书中一度着力施加反讽的一点。

1942年战争正酣之际,各国的牺牲也在急速扩张。仇恨再次难以遏制地在人们的胸膛里燃烧。越来越多的人将当前的纳粹体制同俾斯麦时代乃至前俾斯麦时代的普鲁士体制勾连起来,力图将时代的仇恨深深扎根在世系当中,以便为战后清算作出心理铺垫,像摩根索设想的那样,从根本上将普鲁士从德意志肌体中切掉,使之变成"像母牛一般温顺"的国家。弗兰茨·博克瑙在这一年4—6月的《政治学季刊》上发表的"普鲁士神话"一文就曾谈到:"从其伟大起源开始,普鲁士就已经深染一种信念,认为只要有足够的努力和压力,足够的'普鲁士效能',就能做出任何事情,即便人的材料也能制造并随意改造。对于一种全然建基于强力之上的权能来说,这是一种很自然的观点,这样的权能势必要蔑视传统,并尊奉效能为上帝。纳粹创造一个全新人种的观念,借助于恐怖、宣传、移民并剪除不驯服者的手段来达成,这一纳粹观念实际上同上述普鲁士传统乃是一脉相承的,纳粹观念的其他方面都具有非常深刻的反普鲁士特征,而上述一点则是最具有普鲁士特征的。"毫无疑问,这是一种历史研究中最为忌讳的"单一线索"方法,这种方法更多地是依靠在事实和因果分析中强制性塞入的"类比"和"想象"而运行。这种方法是无法诉求历史智识原则的,也是无从站得住脚的。然而,鉴于民族仇恨以及根源于"想象的共同体"这一民族原则所激发起来的人类情感潮流如此强大并主宰时代,有关战争起因的控辩性质的假设之词也便只能围绕民族情绪和仇恨原则展开,这份报告在附录中可以说是开具了一份完整的有关战争起因的"情绪清单":

  1. 德意志是个天生赋有侵略性的民族;正是出于这种天生的侵略性,德意志人较之其他欧洲民族仍显得不那么开化(许多人正是这么看的),基督教也是因此扎根不那么深。在我们这个时代,此种事态是无法大幅度改变的。德意志只屈从那种更卓越的力量,只要这种力量能够得到确认。

2. 德意志人首先也是人,应当以人的方式加以理解,将无可变更的特性归之于整个民族,此种泛泛之举是误导性的。作为一个政治单位,德意志毫无疑问地展示出侵略性,但是,即便可以将这种侵略性部分地归因于种族,同样也应当在环境、尤其是教育当中寻找起因。一直以来,德意志人乐于倾听的教师都是这样一些集团(普鲁士军国主义集团、纳粹集团等)或者个人,他们的世界观虽各不相同,但有一种观念则是共同的:若时机成熟,就可以对他人的权利予以暴力性地践踏;不过,很多德意志人相比已经拒斥了此种观念,而且,作为整体的一个民族(除了一些数量有限的范畴,这些范畴是无法治疗的)也是有可能接受教育并拒斥此种观念的。

3. 德意志最近表现出侵略性,在很大程度上是由于德意志自1918年以来所经历的困难。一种看法认为,这些困难的首要原因就在于《凡尔赛条约》的过分严厉,假如条约不那么严厉,那么德意志的政策势必会具有更高的合作成分。另一种替代性的观点认为,条约的条款并非德意志人遭受困苦的原因,这些困苦并非不值得怀疑,相反,是德意志方面的宣传使得德意志人认为自己在受苦,此类宣传得到了其他国家在总体上的容忍甚至怂恿。此类说服行动,加之,条约似乎冒犯了德意志的"威望"以及其他心理上的应激要素,这一切就成为了德意志侵略性的首因。

4. 尽管一项不那么严厉的和平条约以及随后的处理办法，不一定能阻止德意志的侵略政策，但是若能认识到如下情况，则还是可以阻止德意志的侵略政策的：德意志是一个"有所欲求"的大国，若能够在不失限制的前提下尽可能地给予让步，说不定可以将德意志转化成一个"自我满足"的大国。

5. 德意志近来的侵略精神乃归因于这样一个事实：1918年之后，德意志得到了过于温和的待遇，不存在有着决胜之心的打击，没有断然的军备控制等等。假如当初的措施得力，那么是可以遏止德意志的。

6. 德意志近来的侵略精神归于这样一个事实：德意志领袖人物所倾心的目标只能通过战争来达成，或者最起码来说，德意志领袖人物所使用的方法，比如在经济政策领域，将使得战争成为很自然的结果。人民，或者说，人民当中有着足够分量的那些部分，他们之所以追随这些领袖人物，是因为：

（a）他们都有着战斗欲望，或者最起码也期望从战争中获益；或者

（b）他们认为战争乃第三帝国的"使命"，因为认为战争是必要的；或者

（c）尽管他们厌恶战争，但他们在政治上并不成熟，这使得他们未能认识到危险所在，或者说，即便他们认识

到危险,政治上的不成熟也使得他们未能推翻其领导人;或者

(d)他们乐于不计任何代价地支持任何人,只要能够带领他们走出大规模失业的泥沼。

7. 像德意志在1939年所诉求的那种侵略行为,乃是垄断资本主义在其特定发展阶段不可避免的结果,由此,这些侵略行为都是可以获得充分解释的。

8. 德意志的侵略精神可以理解为一种尝试,试图有意识地通过强力来纠正一系列历史偶然事件加之于德意志的不公。在俄国、法国、英格兰和美国致力于建造并巩固各自的帝国之时,德意志还只是一个地理上的名词。此前的德意志一直都未能创造出为帝国扩张所必须的民族身份、统一性及其都城。等到德意志完成这些创建之时,扩张机会已经非常有限了。和其他民族相比,德意志民族及其人民无法为其企业的工业、科技乃至生物学潜能提供出口(在德意志看来,其他民族在这些方面的能力要逊于自己)。

9. 侵略性并非德意志政策独有的特性。所有国家都会竭尽所能借助最趁手的办法来自我伸张,无论是军事手段、经济手段还是道德手段。德意志只不过是碰巧成为欧洲侵略冲动最强有力的担纲者,如同往日的西班牙以及随后的法国那样。此种冲动将会遭遇失败,原因是外部所无法控制的。

10. 德意志不曾有过什么侵略性。他不过是在自我防卫，对抗外来威胁，比如四邻环伺的地理处境、斯拉夫威胁等。

11. "侵略"一词含有道德上的谴责之意，这个词并不合适。德意志人只不过是在针对此等对手而确认自身作为一个优越民族的权利。尽管对此一权利的判断除了德意志人自身的标准之外，别无其他标准，欧洲的第一波反应之屏弱实际上等于是承认了德意志人的判断。

12. 德意志之所以诉求战争，乃是为了将欧洲从犹太和布尔什维克影响力中拯救出来，也从世俗的不列颠分化政策中拯救出来；最终由此来完成创建欧洲之统一性的大业，这一点正是当前的历史时刻所给出的命令。

很显然，依据这份假设性的"情感清单"，控辩双方在战争起因问题上存在难以兼容的冲突。报告并未选择一个立场并介入这场控辩，而是秉持"长远观点"，对历史教训进行了剖析，这场教训的塑造者显然并非德意志一家，换言之，在这场灾难中包含了复杂的线索可供追寻，历史所展示的乃是多重线索交叉并进的图景："本报告从上次战争之后的裁军史中得出的主要教训就在于，阻止德意志重新武装的技术困难并非不可克服；真正的危险环节在于阻止德意志重新武装的盟国意志会削弱下去。研究小组对此进行了仔细考虑，认为阻止德意志重新武装是不列颠应予以无条件坚持的唯一威慑之策。但是，会遭遇到观念上的挑战，如同武器方面的挑战一样。除非在德意志个人身上,以及德意志国家身上能够培育起真正的、而非表面上的合作精神,否则便无法达成最终安全。"

不过,这份报告并未就仇恨情感对于国际正义原则可能造成的遮蔽和损害投入笔墨,严格的分析立场使得报告对情感因素视为一种现实存在的历史力量,并对之进行了客观的呈现,这种力量就是不列颠自布尔战争以来便日益凸显其主流地位的民族主义情感,报告转引了两份代表性话语作为这种力量的体现:"……自1879年自由贸易体系破碎之时起……德意志心灵就已经完全远离了所有英国人的同情心。"("Anglo-German Rivalry", *The Round Table*, 1910年11月)、"……有一点确实很清楚,德意志如今已经成为如此令人生畏的仇敌,一个从根本上就要求予以击败的敌人,这倒并非出于以下的直接原因:一种德意志特有的虚假教义已然攫取了德意志心灵,德意志对此信念的持守也正如同盟国对自身信念的持守一样;而且更因为一种纯粹赚钱的精神以及没有止境的商业精神已经在德意志灵魂中占据一席之地,而这种灵魂则令人难以置信地毒辣、专注、系统且充满灵性,尽管牟利精神和商业精神也都主宰着我们所有人而且让我们都庸俗化。"(F. von. Huger, "The German Soul and the Great War", *The Quest*, 1916年1月)此类观念实际上培育出了两次大战期间盛行一时的远离国际正义原则的犬儒主义情绪,正如贝尔福勋爵在谈到大战时的有名的调侃式评论所揭示的那样:

不列颠无非是按照历史惯例消灭了又一个贸易对手而已。

遭到滥用的民族情感和犬儒主义的经济论析在此完成了大众和精英的汇流，这在一个民族主义盛行的时代是司空见惯的。依据此种思路，在战争全然展示出胜利前景的情况下，一项纯粹强制性的战后对德政策就是题中之义了，报告并不探讨纯粹强制性政策本身的对与错，而只是尽可能以综合的方式就此种政策的方方面面，包括其前提、过程、结果，进行剖析：

一项纯粹的强制政策，其涵义倒并不在于种种压迫性措施的集合，而在于那种有意识的、持续的和总体性的目标，此即让敌人屈服。假如这一点是目标本身所需要的，那么也同样有必要将强制从一个领域扩展到另一个领域，直到强制力控制一切。德意志针对波兰的政策就是这个问题上最好的现代模板。对德意志采取这样的政策，也将同样意味着差不多是完全否决德意志作为一个国家的权利，以及德意志人作为一个个体的权利。在避免采取大规模灭绝这一恐吓举措的同时，依据此种模式，强制政策的目标很可能就在于逐渐削弱并减少德意志人口。这也就意味着让所有争议领土脱离德意志，其他方面的利益则自动地获得针对德意志的优先权；意味着第三帝国的强制性解体；意味着完全摧毁德意志权能的工业和经济基础；通过强制性地放弃高等教育，尤其是放弃科学研究，摧毁德意志的智识基础；同时也将意味着人口迁移；维持一种顺服的劳动状态和社会状态；禁止德意志人移民甚至旅行,以免德意志的军事、工业和科学专家获取国外影响力。如果要获得针对德意志入侵的安全屏障而先不考虑别的东西,那么上述举措以及其他许多举措都是必须采取的。

这项政策的成本在很大程度上取决于哪些盟国将会同不列颠一起执行政策,不过可以肯定这其中包括了一支规模庞大的占领军的维持工作;也包括了对德贸易的折损,因为德意志按照预期将会落入贫困境地;同时这也意味着在必要的情况下,要强制阻止其他大国同德意志的贸易往来以及其他方面的关系;对德意志共同生活和私人生活的方方面面进行持久监督;为达成压制德意志这一至高目的而牺牲其他方面的国际利益;毫不妥协地持守已定目的,因为任何松懈都将是致命的。值得怀疑的是,若出于纯粹政治性的动机,这样的政策是否能够得到维系,最起码也应该考虑到,防御性的审慎并不是那么具有掌控力的动力机制;要在这样的政策上取得成功,就必须宣示出我们是主人民族而德意志人只是亚人种那样的信念,也就是说,我们的心灵必须纳粹化。执行这样一项政策,高度违背了我们的重大国家传统,也许只有16和17世纪我们处理爱尔兰问题的例子能在大致同等的规模上提供直接的经验和教训。

毫无疑问,报告几乎是完整地再现了凯恩斯《和平的经济后果》一书对《凡尔赛条约》的经济—政治逻辑及其可能的结果所作过的剖析,只是祛除了凯恩斯特有的那种反讽口吻而已。

同纯粹强制性政策处在逻辑对立端的则是纯粹合作性政策，报告同样对之进行了剖析，并从不列颠和中欧的角度揭示了这一政策的可行的执行过程和结果：

德意志人长期以来在操控巨大的企业联合体或者垄断体时就展示出相当水准的技术，同时，他们在欧洲规模上的战争组织以及规划方面的经验，也会让德意志处于一个很强固的位置上。那些将福利而非权力作为经济政策之目标，借此来阻止欧洲资源再次臣服于德意志政治目标的国家，因此也就必须具备坚定的决心和相当程度的能力。另一方面，朝向欧洲以及世界经济的更为理性化的组织形态的运动，以及朝向国家经济需求的合作性调整的运动，若这两项运动都遭遇失败，那么不歧视原则也就会丧失其涵义，而仅仅是意味着承认各个经济单位都有权充分利用其在一个相互倾轧的世界中的地位。德意志是欧洲最为强大的经济单位，而且已经发展出高度的技巧，得以将他国的经济屈从于自身的经济，因此，在此种情况下，将大部分欧洲国家的经济重新整合进德意志体系的事情就并非不可预期，除非不列颠、美国和俄国采取措施，将弱国从德意志依附者的地位上解脱出来，因为德意志一直就是这些弱国产品的"唯一消费者"。就不列颠来说，这很可能要求其在帝国导向的政策上做出重大变化；就美国而言，这意味着需要削减保护性关税；就俄国而言，这意味着要展开更为广泛的对外贸易。因此，从各个观点来看，问题本身与其说是同德意志进行合作，倒不如说是同欧洲的那些经济弱国进行合作,以及做出持续的努力来改善这些国家的地位。唯有如此,才能找到恰当的手段开发欧洲经济资源,而这样的手段将会允许充分利用德意志的工业技术,也会让作为个体的德意志人分享后续的繁荣,同时亦会让欧洲避免再次沦入遭受德意志经济奴役的境地。除非我们在应对德意志的经济霸权意志之时,能给出属性截然不同的目标体系,但却同样富有活力,否则所谓"合作"就有可能沦落为对德意志霸权事实的默认;若真如此,那么接下来就是逐渐让我们自身的资源臣服于德意志的政治—经济目标。

作为合作性政策的这一推定结果,实际上也正是1930年代德国依托周边国建立起物物交换的中欧经贸体系时所最终实施的;这一体系展示出极高的经济技术和技巧,成功摆脱了"黄金十字架"的国际制约,并成为一个纯粹掠夺性的、预演性的战时经济体系。实质上,面对此种"既成事实",凡尔赛体系无话可说;凡尔赛的那场"精英的盛宴"充斥着19世纪的遗风,并未意识到安全保证和经济繁荣之间高度复杂且微妙的联系。最终,"安全保证"和"经济繁荣"在历时一代人的所谓和平考验中演化成两个极端且彼此对峙的抽象观念,战后政策的执行历程便是在这两个极端之间进行突进性质的跳跃和摇摆。局面便在一轮又一轮的跳跃和摇摆中走上一条恶性循环的不归路。

《大西洋宪章》依照罗斯福所提供的"四项自由"作为基础蓝图而设定,然而,德意志社会在第一次世界大战之后,正是在四项自由的内部倾轧以及四项自由所造成的整体性社会—经济矛盾中,因不堪重负而最终触礁沉没的。对此,报告给出了中肯的分析和些许的展望:

德意志投身纳粹,这在很大程度上可视为一种逃避此类缺陷和矛盾的尝试。随着战争的失败以及纳粹的崩溃,德意志人也用不着外人来告诉他们这是一次虚假的尝试。但是,经济、心理以及社会方面的失序,纳粹一度为这一切提供了虚假的疗法,如今将会继续对那些尝试在德意志塑造新的社会环境的人提出挑战。此外,尽管一定不能将一个新欧洲的议程留待德意志人的需要和经验去确定,但是德意志人的经验实际上也表征着在现代社会中广为散布的紧张因素。自由能够为将来提供基础性的统一性观念,在就这个问题做出决定之时,一项重大因素就在于:在一个倾向于逃避上述四种缺陷和危险的社会中,能否实现或者保存自由。

实质上,社会民主党自1905年开辟了20世纪德意志激进政治的全部概念之后,便实施了特洛伊木马式的自我阉割术,一战之后,激进派寻找到了自身的独立地位,并寻求超议会的解决办法,改良派则认定群众没有能力追求自身的利益,于是转而持守18世纪的那种进步主义的乐观主义,这在大战后的政治经验世界中,充其量也只能说是一种纯真的信仰,认为统治阶级最终能够看到社会秩序中理性和正义统治之所需。同时,社会民主党领导层在老社会民主党时代有着为期十多年的痛苦经验,他们从这种经验中承袭的德意志式的传统智识装备，无法在一夜之间丢弃。无论如何，最终的局面便是社会主义的温和目标同议会政治因无法兼容而分道扬镳，并以暴力格局作为收场。民主价值要么臣服于社会主义的创建，要么臣服于普鲁士式的精神原则和建制原则，这便是社会民主党在大分裂时代便已注定的原罪。国际力量，无论是来自大萧条，还是来自法国的惩罚决心，则只不过是对此种原罪施加的迅捷而沉重的惩罚而非拯救。这就是为什么这份报告对"长远观点"如此看重，并呼吁人们对战后问题保持谦卑和耐心的原因所在：

有许多因素是人们并不知晓的。我们并不知道此种特殊的纳粹意识形态究竟得到了多大程度上的沉淀；也许不能说大多数德意志人已经接纳了全部的纳粹教义，即便在纳粹体制尚未遭受挫败之时。我们也不能认为德意志就其需要一种新视野而言，乃是由一种同质性的大众熔铸而成的，尽管在类似我们这份报告所运用的总括性处理方式中，不可能将德意志大众内部的所有必要区分都呈现出来，尽管盛行于前纳粹时代的一些教义今天仍然在流行，这些教义对合作秩序无疑构成了威胁，其致命程度并不次于纳粹教义本身。我们不知道战争的实际经历究竟会在德意志心灵以及我们自己的心灵中沉淀下怎样的东西。我们也无法充分了解被压迫民族在想些什么，对于后纳粹时代的欧洲究竟会是什么样子，我们知之更少。所有这一切都是不确定的，而且我们天性中就喜欢挑别人的刺，尽管如此，我们也不能找借口避开这场已经肆虐了德意志的精神瘟疫所引发的国际问题。也许我们大可以虚张声势地宣称一个民族或者一些民族完全可以致力于对另一个民族实施"再教育",我们也大可以选择消极逃避之策,这两种选择之间或许会存在某种妥协办法。倘若如此,则我们应当考虑一下,假如会发生变化,那么我们期望在哪些事情上发生变化;何以让这些变化发生;其他民族(如果有的话),尤其是不列颠,将在这场变革中发挥怎样的作用。

无论如何,这份报告展示出了条分缕析式的精细和足够的历史宽容度,几乎包容了一场世界大战所能造就的全部重大问题,并就文明世界应当持守的原则和政策进行了完满的展示和剖析。但最终的问题仍然在于相关各方的见解和能力,报告中时常给出断点式的提醒:"假如那些大权在握的人仍然坚持旧有态度,那就没有什么希望获得新的视野,无论是对政府机器的直接控制,还是像魏玛体制那样,让一个名义上的革命政府没有能力扔掉往日梦魇的重负,这些办法都将失去效果。"令人遗憾的是,所有这些问题在美国人主宰了战后审判和重建之时,都遭到了本质上的回避,就像上一次世界大战之后,美国参议院不由分说便否决了国联创议一样;参加了战争并为之付出牺牲的一代人未能活着等到答案揭晓的那一天。美国人实质上是依托梅尔维尔在其作品中揭示过的那种特殊的"美国人性"斩断了所有这些问题。一名参与纽伦堡审判的德国人曾希望将审判进程予以深化,他在日记中写道:"我太了解德意志中产阶级了,它的畜群本能,它对成功的崇拜,它的个性以及独立思考能力的匮乏,我对这个群体完全不抱幻想。"(K. Loewenstein, Memorandum to War Department, "On Methods for Lowering the Morale of the German People and for Decreasing the Fear of an Allied Victory Among Them", July 30, 1942, *Loewenstein Papers*, box 29/6, p. 10,转引自,Joseph W. Bendersky, *Carl Schmitt's Path to Nuremberg*,第 12 页)美国人并未表现出足够的耐心,将纽伦堡之路向着纵深推进,而是转而以更急切和更富有效率的态度实施经济援助计划和德意志经济重建计划,任由纳粹智识的奠基阶层以基督教和西方文明为借口,在"安全的沉默"中寻求庇护,最终将世界带入一段更为坎坷和动荡的历程。此情此景,一句德国谚语也许可以作为对这份"中期报告"主旨的最为贴切的刻画:"谁人真的认识自己?谁人又能知道自己能干什么?只有明天才能告诉你,你实际上做了什么。"

前　　言

前不久，皇家国际事务研究所邀请一些资深人士组成一个研究小组，研究战后德国问题的相关处理方法，小组成员在经验和视野方面代表着均衡的多样性。《小组报告》特在此出版。这份报告的意图并非就这些重大问题给出最终之言，事实上就这些问题根本就不存在终极之言，即便胜利的模式在今天已经比当初清晰得多了。假如这份报告能够有助于激发并协助实际的思考，驱散虚幻的想法，并揭示出问题的关键，同时指明跟随相应行动而来的预期后果是什么，那么研究小组的劳作也就算没有白费。

关于可能会影响战后世界以及欧洲未来的经济问题，皇家国际事务研究所希望不久之后能够发布单独的研究。所以本报告并没有涵盖对经济问题的详细考察。问题本身的性质并没有误导研究小组去觉得德意志问题是胜利之后独大的政治问题。确实，报告给出的结论之一就是，如果同国际政策的广阔舞台完全隔离开来,德意志问题就无法获得完整和持久的解决。

对这份报告所作的任何提纲挈领式的总结都不能涵盖其中的论证。简单地说,本报告的理路是沿着就两种设定所作的分析而推进的,一种设定是完全而恒久地对德意志生活进行整体性宰制,另一种就是以平等为基础,同战败的德国进行完全的合作。原因已经非常清楚了,这两种极端思路都将遭到拒绝。要寻求的是一种现实主义政策,既赋有可操作性,并有效地阻止德意志侵略的回潮,又能够提供充分的理据让不列颠民族接受,不列颠民族毕竟要为政策的维系承担起非同小可的责任。

在未来几年将会影响不列颠和德意志的相对力量要素都得到了列举和评估。德意志未来疆界的问题将得到考察,也会做出努力来确立起一般性的原则,并依据这些原则来回答德意志未来疆界的问题,否则便无法实现安全以及长期和平。不过也应当承认,单单依据一般性原则是无法就特定情况进行决断的;特定情况总是要受制于自身特有的复杂因素。针对德意志帝国得到延续的政治统一或者内部分裂所采取的不同态度,都各有其优点,这些优点将得到权衡,同样要进行权衡的是试图影响德意志未来政府形式时的风险和智慧问题,以及德意志人民能够获得保证的公民或政治权利问题。尤其是在这样的环节上,德意志问题乃是同更为宽泛的欧洲秩序问题联系在一起的。

《大西洋宪章》的经济条款和裁军条款之间存在冲突的可能性,这在条款实施之初就已经清楚地显现出来了;繁荣和安全之间势必是存在选择困境的。如果就裁军方式进行斟酌,是可以减少这其中的风险的,但是,除非盟国表现出恒定的决心,否则德意志裁军便无法在注定了将会提出放松裁军的时期依然持续下去,这样的要求并不仅仅出自德意志内部,而且也会以欧洲繁荣的名义提出。本报告从上次战争之后的裁军史中得出的主要教训就在于,阻止德意志重新武装的技术困难并非不可克服;真正的危险环节在于阻止德意志重新武装的盟国意志会削弱下去。研究小组对此进行了仔细考虑,认为阻止德意志重新武装是不列颠应予以无条件坚持的唯一威慑之策。

　　但是,会遭遇到观念上的挑战,如同武器方面的挑战一样。除非在德意志个人身上,以及德意志国家身上能够培育起真正的、而非表面上的合作精神,否则便无法达成最终安全。本报告最后一章就此事的几率进行了强有力的探查,同时也考察了不列颠政策和行动(如果有的话)在推进并保障此事过程中将要发挥的作用。有一些目标是不列颠和其他战胜国需要去追寻的,这些目标可以而且能够将一种答案摆在德意志人民面前,这一答案关涉的乃是现代世界中那些棘手的问题,而且这一答案应当比纳粹观念所能提供的答案更好。我们可以将"四项自由"作为共同行动的最明确和最佳目标,由此指出民族间现实合作的希望之路。不过,我们也绝不能忘记，安全是所有这一切工作之前提。

皇家国际事务研究所并非一个官方的和政治性的实体，研究所章程本身就排除了对国际事务问题的任何方面表达看法的可能性。本报告的确表达了一些看法，而其中的责任则完全由研究所邀请的小组成员来担当。

很高兴借此机会代表研究所向小组成员表达谢意，他们为准备这份报告付出了这么多的时间。

阿斯托尔

皇家国际事务研究所主席

查塔姆研究所

圣詹姆士广场 10 号

伦敦，S.W.1.

1943 年 5 月

目　录

- 一、概要 ··· 001
  - 世界背景中的德意志问题 ················· 004
  - 德意志问题的新老方面 ··················· 011
  - （a）纯粹的强制政策,（b）纯粹的合作政策 ········ 016
- 二、力量比 ······································· 023
- 三、边界问题：政治结构 ······················· 043
  - 一个新的欧洲领土协定？ ················· 045
  - 德意志领土问题 ··························· 046
  - 帝国的统一性？ ··························· 050
- 四、自由 ··· 055
  - 德意志的政府问题 ························ 057
  - 自由选举与公民权 ························ 059
- 五、经济政策 ···································· 063
  - 《大西洋宪章》与德意志经济 ············· 065

控制德意志战争潜能 …………………………… 072

六、武装 ……………………………………………… 079
　　解除德意志武装：一个意志问题而非技术问题 …… 081
　　以往举措的挫败 ……………………………… 085
　　反思法国经验 ………………………………… 093
　　武器和《大西洋宪章》 ……………………… 097

七、观念：合作的前景 ……………………………… 105
　　变化了的德意志心态：问题概要 …………… 107
　　教育 …………………………………………… 114
　　战败的教训 …………………………………… 122
　　合作性的环境 ………………………………… 126
　　安全确实重要 ………………………………… 133

附录一　有关德意志战争行为之因由的几项假设
　………………………………………………………… 139

附录二　经济力量诸要素 ……………………… 147

附录三　关于社会之基础的德意志观念和民主观念
　………………………………………………………… 153

一、概要

本报告所研究的是我们认为在德国战败后有可能影响到英—德关系的主要问题,本报告的出发点是大不列颠的安全。我们将选择那些最不可能因为时间流逝而失效的问题,而非那些主要属于清算程序的问题(诸如惩治战犯、修复战争破坏或者秩序和重建等即时问题)。清算程序所采取的步骤以及态度,确实会对后续事件产生不可谓不重大的影响,但是这些问题本身应当在长远观点中获得导向。

我们所做的是一项非官方研究,这样的研究不可能独断地推荐特定的解决办法,但是有助于揭示各种选择可能导致的实际结果。我们的方法是就各个问题上的两极性对立观点进行考察,不列颠有关战后英—德关系的所有讨论都是围绕这些极端观点进行的,比如强制政策、非强制政策或者合作等。当然,政策上的实际决定不会依据某种选定的单一原则进行,而是要在全部具体局势的观照之下进行,任何决定都有这样的需要。因此,在我们所选择的作为原则出现的两极观察点之间,实际的德意志政策必定会是在某些情况下倾向于其中一个原则,在另一些情况下则会倾向于另一个原则;

实际的问题就在于就特定情况下哪种原则更为恰当进行定夺。尽管细节方面并不精确，但在一定程度上可以说，在《大西洋宪章》以及1942年5月26日的《英俄条约》所宣示的原则中，决定本身已经做出了。

世界背景中的德意志问题

英一德关系问题并非不可以单独加以考虑，当然我们也必须充分意识到此种做法只是应急之举。德国的侵略也威胁到了其他大国，不列颠也遭受过德国之外的其他大国的入侵威胁，尽管不像德国这么直接。在轴心国战败后，中国、美国以及绝大多数英联邦国家乃至俄国的眼睛都将会关注到日本，其程度至少不会次于对德国的关注。随着侵略所造成后果的扩展，在解决方案中要求发言的角色圈子也会扩大，1942年1月的里约热内卢会议要求拉美国家确认在这场战争中的立场，从而消除了任何一个国家集团可以不直接卷入战争的可能性。因此，出于战争环境本身的原因，对德政策问题也就成为普遍关心之事，政策的制定则要由自治领、主要盟国以及其他的联合国成员国协同进行。然而，不列颠自身的对德政策将是对德政策骨架中的关键脉络，只要我们记得这只是问题的脉络之一，那么遵循这条脉络在我们看来就会对问题的解决有所助益，不但这项政策本身是如此，而且这项政策也能够有助于人们切近更为广阔的国际秩序问题。

不列颠的安全同其他国家的安全乃是密不可分的,认识到这一真理倒并不能为事实上获得一个足够宽广的安全基础提供保证。就军事支持问题而言,各国迄今所关心的都是自身的安全,只是在不太情愿的情况下才会关心他国的安全,即便这是经过了缜密的利益计算。两次大战期间的历史证明了依托共同防卫机制来建立一种足以对抗入侵的防御形势,这乃是不可能的,尽管无论一般意义上还是细节意义上都不乏正式的承诺。就这次战争而言,除了英国和法国为着波兰所进行的干预,以及珍珠港之后荷属东印度和中美洲国家所进行的努力之外,没有任何国家曾会同受害国进行共同的军事行动,直到自身也遭受攻击。这样一个时代,战略和技术上的因素决定了中立立场要比以往更有风险,尽可能长时间地保持中立或者非交战国地位的决心,同样推动着大国和小国的政策,甚至作为主要交战国的法国也撤出了战斗。人们希望法国能够而且愿意再次充分参战,但是欧洲政治的往日领袖人物却做出了撤出战斗的决定,这一事实本身就意义重大。一方面,各国都不愿因为集体行动而增加自身的当前风险;另一方面,经验则表明,那种迟钝、消极且孤立的自我防卫态度并不能赢得安全。一个国家若目标仅止于狭隘的国家安全,就很可能无法达成目标。以国家安全为目标,这当然没错,不过若能够向着更为广阔的目标推进一步,则国家安全的目标也更容易达成。

人们也许会觉得,欧洲政治结构或者社会体制及其统治观念所发生的变化，会容许我们绕过当前的这项探查。尽管民族性已经适时地削弱了其主权含义，目前也还没有迹象显示不列颠和德国将不再是独立国家，或者能够将其纳入某种联邦体系。即便将来会出现一个联邦，但美国内战也提醒人们联邦并不一定就是和平的保证。人们也常常强调说，我们身处一个革命的时代，革命切断了民族性的纵向分层机制，取而代之的是共同的阶级利益或者观念性同情的横向组合。从长远来看，此种局面将会对英—德关系产生怎样的影响，我们并不知道，不过迄今为止，此种局面仅仅是加强了冲突。这就如同16世纪的宗教革命加强了我们同西班牙的冲突，18世纪的政治革命则加强了我们同法国的冲突一样。若要将英德关系问题推入后台，就只能依据那种认为两国根本目标在未来必然会一致的假设，但是没有什么东西能让我们给出这样的假设。

暂且抛开所有这些长远的道德和政治问题，我们预见在不列颠事务中会出现一些立场。那么，它们会使不列颠实际上能够忽略德国的大陆野心吗？① 比方说，我们能否展望英国和美国在海上和空中力量的相互加强，也许还要加上陆地力量，这种相互加强是如此强力且无条件，以至于我们可以用那种我们在19世纪才享有的安全心境去观看欧洲舞台？

---

① 赞同这种看法的论述，参见 *Sea Power*（Cape，1941）一书T124的相关讨论；反对这种看法的论述，参见 E. H. Carr, *Conditions of Peace*（Macmillan，1942）。

面临重大事务,政策不能建基于纯粹的可能性,无论这种可能性对众人来说是何等具有吸引力。顺便说一下,不列颠对美国援助的依赖,使得一些人认为不应当将整个问题从根本上视为英德问题,而应当视为德美问题。然而,英国人民在于己生死攸关的事情上应当思考自己的立场。

同样也不可能将政策建基于有关俄国的假设之上,认为俄国,无论在挫败德国过程中发挥怎样的作用,都会愿意,或者在其获得进一步工业发展之后,都能够对德国的侵略图谋构成完整的制衡。《英俄条约》似乎从官方的角度确认了上述假设。此种局面之下,不列颠不能指靠这样一种制衡性的大陆力量的存在,仿佛这支力量真的能够让英国对战争保持一种相对淡然的态度。希望解放了的法国同德国的其他欧洲邻居联合起来制衡德国,这实际上更不可靠。此种联合所需要的工业基础根本就不够,即便完全抛开这一点不论,最近的事情也非常清楚地表明,如果没有从一开始就为法国提供大规模的陆地援助,那么根本就不能指望法国会再次对德国的西进攻势给予初次打击。当然,不仅法国有可能获得及时恢复,而且欧洲的政治—经济落后地区也会取得迅速进展,使得德国的剥削和图谋在这些地区不会那么容易进行;不过,前提条件是除非包括英国在内的各国能够为这些地区的进展提供援助。希特勒一直诉求"将英国逐出欧洲",正是对这种可能性的直觉,为希特勒的这一诉求赋予了力量。

因此,如果想再次获得力量去遏制德国的攻击性,那么不列颠就有义务协助提供这种力量,而且要使用这种力量就要求做出物质和道德上的双重牺牲,不列颠也有义务为此付出努力。另一方面,如果我们指靠信任和合作,不列颠就必须协同他国,承担失败的风险。当然,我们也发现,出于我们意志之外的一些事件,德国侵略精神的扩张范围如今关闭了,要么是两次世界大战的拉锯终归会导向德意志生机精神的失败,要么就是德国人自己明白无误地打碎军国主义的框架并拒绝其教义。不过要强调的是,我们不能以此类不确定性为基础。

只要战争仍在继续,德意志力量仍在压迫我们,就没有可能小看战争带来的潜在危险。但是,在德国战败一段时间之后,人们就很容易忘记,德国和我们之间的即时力量对比并没有表达长远的事实。我们会越来越专注于国内政策,专注于当下更贴近于我们的安全问题,而非德国再次入侵的可能性问题。公众舆论很可能会在两个极端之间摇摆:一方是那些习惯于让激情取代冷静的人,另一方则由于未能真正意识到主宰欧洲的德意志企图意味着什么,因此而受制于自利考虑或者理智风潮,否认德意志问题的存在。

然而,危险会继续存在,德意志有可能会再次用邪恶的洪流荡涤世界。无论德意志在军事上遭受了怎样的完败,无论德意志的失败以何等彻底的方式得到证明①,德意志的某些东西总是无法泯灭的,这包括:(a) 一个决心重造军力的德意志核心,若得到容许,将会公开行事,若得不到容许,则秘密行事;(b) 一部分德意志人口,尽管已经被解除幻象,但仍然醉心于战争热情,热爱军事上的行动和展示,热爱纪律和同志情谊,他们对个人意义的感受,很大程度上得自于为他们依然认为是最伟大的军队提供服务。至少有部分这样的人口,即便会暂时地不满于纯粹军事的生活观点,也将会服膺于日耳曼种族优越性的傲慢说服力,会重新接纳对希特勒的崇拜,在特定情况下,他们会再次接受战争党派的塑造,以达成这类党派的图谋。假如历史先例得到遵循,那么心理方面的铺垫工作将会立即开启,将会在民众当中灌输种种信仰②,这些信仰都是为了抗拒任何意图在合作基础上建立国际生活的倾向。作为重中之重的,则是有必要借助适当的神话来表明,德意志军队并不是在战争中遭到挫败的,而只是表面上如此。经济和军事方面的准备工作则属于随后的阶段。即便在战败之后,第二次世界大战对于德意志战争党派来说,依然会在权衡的天平上获得有利的砝码,对此我们必须做好准

---

① "德国人目睹了拿破仑的士兵从勃兰登堡门穿过,他们知道,在莱比锡,他们已经把它忘记。"Clemenceau, *Grandeurs et Miseres d'une Victoire*, p. 98 (Paris, 1930)。

② "战争的必要性以及不可避免性乃是永恒自然法则的结果,因此应当成为德意志民族的信条,对此,德意志民族的领袖人物都给予了细心关照。"E. Muller-Sturmheim, "The Spiritual Problem of Germany", *The Fortnightly*, 1941 年 3 月。

备。德意志在这场战争中与其说会记取失败，倒不如说会记得自己是何等接近胜利，最终的残留结果因此就会包括：（a）一种信念，认定俄国以西的所有欧洲大陆国家都将作为阻碍因素加以剪除；（b）一种希望，认为美国不会对第三次德意志图谋做好准备；（c）另一种希望，不列颠抵御第三次德意志图谋的决心将不会比法国在第二次大战中的决心更强。这是一种无所不包的主人意志，在德意志民众当中也潜藏着对此种意志的回应，此乃问题的核心所在。

这个概要提请人们注意的是两项带有终极性质的观察。首先，我们对德意志问题的这种暂时性的关注并非没有风险，这会使我们不仅忘记来自其他侵略者的威胁，而且也会让我们忘记盟国和中立国的主张和利益，此类风险是必须加以抵制的。对德意志施以特殊关注，即便在一开始不免带有防御性质，但久而久之就会演变成为一种优先关注，在两次世界大战期间，这样的事情就在某种程度上发生了。除了获取成功之外，可能最能满足泛日耳曼主义梦想家们的东西就是让其他国家附着在如同磁铁一般的德意志身上。因此，问题的关键在于，那些有责任保护相关国家避免此种德意志图谋的人们，应当感受到自己的真实目标就是让整个欧洲及其邻近地区有着安全、法治和体面的生活。其次，作为一项意在揭示理论上可能的解决办法的研究，应当提供的暗示是：决策者的选择自由看似很大，但实际情况则不会回应这样的自由。即便在胜利之后，形势也不会具有完全的灵活性；不过战后形势的灵活性将会较之任何时候都更大一些。

德意志问题的新老方面

我们在附录一中给出了一些主要假设,对我们来说,这些假设是在负责任的情况下作出的,其中一些假设还出自德国人之手,涉及有可能促动德国再次诉求战争的那些因由。政治行动不可能建基于对任何一套假设的明确的、普遍的接纳,仿佛这些假设真的会有效一样,在这项研究中,我们甚至无意进行此类选择。所有这些假设都有着真理的成分。我们认为揭示出这些假设是迈向清晰思维的第一步,以便于探讨补救之策的人们至少能够了解不同的诊断。一项政策如果完全依赖强力,那么它自身所依赖的假设就是:从任何实践的角度来看,德意志都是无法改正的;若一项政策不存在任何区分对待,那么它所依赖的假设就是:德意志在任何重要方面和其他国家都没有什么不同。一旦我们探讨有关德国的假设,问题马上就出来了:"不列颠是什么情况?"我们置身健全国家之列而用不着什么医生吗?不列颠会对自己做什么这个问题,实际上要比不列颠会对德意志做什么更为迫切,不过这并非本项研究所关注的问题。将英德关系问题暂时性地作为一个单立问题予以处理,这种做法至少有一个好处,那就是使我们集中精力于特定问题的解决办法,无论我们和我们的朋友是否感兴趣,也无论我们自己是否愿意为之有所牺性。任何政策，尤其是那些暗示了使用强力的政策，若要名副其实，就必须有着高度的一致性、决心、坚忍和力量。①

已经有许多论著尝试解释那些一度培育起德意志侵略性的历史发展和教义。其中更令人感兴趣的是那种"软"②德意志的现象，这种软德意志时刻准备着支持其领袖的侵略图谋；领袖人物自身，也就是所谓的"硬"德意志，他们构成了统治集团，这个集团在本质上同很多国家当中野心勃勃的统治集团并无区别，他们的行动只能用纯粹的权力之爱来解释，而不能用任何特别的性格或者环境来解释。我们无意跨越这些作品所涵盖的所有领域；不过，如果我们能暂时停下来，通过上一代人的眼睛看一看一般性的背景情况，那么我们的视野将会变得很清楚。第一段引文写于1910年，第二段写于1916年：

>……自1879年自由贸易体系破碎之时起……德意志心灵就已经完全远离了所有英国人的同情心。③

>……有一点确实很清楚，德意志如今已经成为如此

---

① Sargeaunt 和 West 在《大战略》(*Grand Strategy*, Cape, 1942) 一书的第157页给出了国家政策的一般性目标："将国家能量用于维系一种如此高强度的效率，包括实施和平艺术的现实能力以及进行最为现代化的战争的潜在能力，以至于绝少有谁希望冒险进行军事挑衅，也没有谁敢这么干。"此书在接下来的章节中分析了力量的构成元素。

② F. W. Foerster, *Europe and the German Question* (Allen and Unwin, 1941), p. 334.

③ Philip Kerr 以及随后的 Marquess of Lothian 引述过这段话；见 "Anglo-German Rivalry", *The Round Table*, 1910年11月。

令人生畏的仇敌，一个从根本上就要求予以击败的敌人，这倒并非出于以下的直接原因：一种德意志特有的虚假教义已然攫取了德意志心灵，德意志对此信念的持守也正如同盟国对自身信念的持守一样；而且更因为一种纯粹赚钱的精神以及没有止境的商业精神已经在德意志灵魂中占据一席之地，而这种灵魂则令人难以置信地毒辣、专注、系统且充满灵性，尽管牟利精神和商业精神也都主宰着我们所有人而且让我们都庸俗化。①

这些引述反映了一个商业精神占据主宰地位的时代的视野。但是，那个时代的商业体系就其普遍倾向而言，并不支持权力在国家身上的集中。下面这段话出自一位当代作家之手，表明了何等现代的技术条件才能有利于权力在国家身上的集中，随同的结果则是上一代人难以想象的：

> 现代社会的整个机构都为下述事实所主宰：新的技术发明（比如飞机、炸弹、铁路、电话以及无线电）和大规模的工业、金融、管理、教育组织，连同其他影响公众舆论的手段，已经创造出了一些关键位置，使得把持这些位置的人足以主宰社会。这就为野心家们提供了强烈的诱惑去攫取这些权力中心，在开启这个征途之时，他们也都不得不将所有剩余的控制位置都保持在自己手中。即便那些对此做法有着天然恶感的人也不得不做相同的事情，

---

① F. von. Huger, "The German Soul and the Great War", *The Quest*, 1916(1).

以免对手抢了先机。①

德国的职责所在就是要秉持特别的清晰度并在扩展了的规模上，反思作为整个的当代社会的某些特征。由此，至少在一段时间里，德意志的自我镜像足以反映出整个欧洲对自由缺乏足够的关怀这一局面；也反映出经济目标对于政治目标的屈从；以及权力的日渐集中，而科学为之提供了便利。曾有一名观察家②描述了"技术性之怒潮"的状况，在此种境况中，"技术性之怒潮"攫取了年轻且强壮的德意志人，对他们来说，由于新技术的功劳，没有什么是不可能的。③ 假设脱离了属人的目的，那么这一怒潮只能导向毁灭，要么就是导向暴政。它必然会进行传播，使其他国家有着类似心境的人接受感染，因此，非常迫切的事情就是要思考一下现代组织和技术所要达成的目的问题。罗斯福总统诉求全世界都将"四项自由"接纳为有效的政策目标，这一诉求本身实际上就直接提出了上述问题。有意思的是，希特勒声称代表德意志人民发言，对罗斯福总统的这个"崭新且可憎的陌生世界"进

---

① K. Mannheim，见 *The Christian News-Letter*，1942 年 5 月 27 日。
② H. Rauschning, *Makers of Destruction*, Eyre and Spottiswoode, 1942, p. 68.
③ 也可参考如下这段话："从其伟大起源开始，普鲁士就已经深染一种信念，认为只要有足够的努力和压力，足够的'普鲁士效能'，就能做出任何事情，即便人的材料也能制造并随意改造。对于一种全然建基于强力之上的权能来说，这是一种很自然的观点，这样的权能势必要蔑视传统，并尊奉效能为上帝。纳粹创造一个全新人种的观念，借助于恐怖、宣传、移民并剪除不驯服者的手段来达成，这一纳粹观念实际上同上述普鲁士传统乃是一脉相承的，纳粹观念的其他方面都具有非常深刻的反普鲁士特征，而上述一点则是最具有普鲁士特征的。"弗兰茨·博克璐，"The Prussian Myth"，*Political Quarterly*，1942（4—6）。

行了驳斥。①

较之政治目的的差异，更为根本的则是有关事物之实际性质的信念方面的差异。就德意志形势而言，判断上的摇摆应当归因于在这方面所发生的误解。我们将在下一章就这个方面的一些差异进行剖析，在此就不对这些差异所带来的政治影响进行评估了。不过，其中有一项差异在实践中对我们有着关键性的意义。权力不可避免地要进行最为彻底的自我主张，那些拥有巨人般权力的人，必定会作为一个巨人来使用权力，这一信念已经扎根在大多数德国人心灵当中，无论是统治精英还是大众。在西欧传统教养中长大的人则同样坚定地相信，或者无意识地认定，权力的使用能够而且应当受制于对他人权利的尊重，无论他人是何等弱势，并且，增长与发展能够且确实是以此为基础的。很显然，在这件事情上，自我欺骗并非难事，我们大可以给出一些具体例子，比如不列颠和美国似乎忘记了强迫爱尔兰以及众多拉美国家进入战争，德意志当然会以自我满足的方式指出，此种遗漏不过是出于战略考虑。然而，假如德意志处于类似情形当中，它会接受这种战略上的无能境遇吗？实际上，对军事弱势邻居之立场的尊重必然会要求这种战略上的无能境遇。

现代技术使得管理所涵盖的领域的扩展超越了以往可能的限度，这是一个事实，此外，还有一项假设，认为把持权力

---

① 转引自 *The Times*，1942年3月16日。

之人势必会最大限度地运用权力,最后则是自认为主人民族的信念,这一切汇集起来,在德意志心灵中铸造起一系列恢宏的规划,那就是统一欧洲及其邻居地区,而世界如今正在为了抗拒这类规划而战斗。依据德意志观点,这种抗拒是徒劳的,无异于以卵击石;即便取得暂时的成功,在德意志观点看来,也不会产生什么结果,无非是确立起其他大国的霸权,比如俄国或者美国。完全可以肯定,欧洲将不会经由德意志的权力意志走向统一。但是,各国人民在拒绝此类德意志主张的同时,也不是不可能在某种程度上分享德意志观点所映射出的那种普遍视野,我们一直都记得,有多个欧洲国家的"社会和政治思考主要都是出自其德意志源头"。① 合作的理想很可能会丧失吸引力,虽然联合国一直以来都主张以这样的理想作为共同行动的基础,除非这一理想明确地赋有能量足够的组织原则,以应对欧洲新形势的真实需要。

(a) 纯粹的强制政策,(b) 纯粹的合作政策

《大西洋宪章》实际上已经为我们所关注的这些问题提供了一般性的回答。宪章提供的一个主要目标,也就是解除侵略者武装,这一目标的实现完全依托于强制,如同《英俄条约》那样,此外就是各种社会性的目标,这些则是需要通过合

---

① F. A. 哈耶克,"Knowledge of Germany", *The Spectator*, 1941 年 12 月 26 日。

作来实现的。然而,此类目标,比如"四项自由",就其本身的性质而言,并非权力和意愿所能成就之事。那些伟大的目标,比如"国际合作"、"国际和平与安全"、"社会正义"等等,也都写进了上次的条约当中,却没有付出像样的努力予以实施。类似的目标在一代人的时间内两次提出,这一事实本身就暗示了人们相信这些目标就其本身而言是可以实现的。人们认为,一个国家集团在一个不确定的时间段内,是可以解除另一个国家集团的武装并保持这种状态的,而且还认为,每个国家都在自己的面包上多抹一点黄油,这既是可能的,也是可欲的。对我们来说很清楚的是,并不存在技术上的障碍去实现联合国领导人宣示的那些目标。悬而未决的问题在于,联合国成员以及其他国家是否认可这些目标,并愿意为之采取行动。① 过去未能实现类似目标,人们往往将这一失败归咎于人们缺乏意志或者善意,尤其是相关政府缺乏意志或者善意。此类控诉并非不公正。但是这一失败也应当归咎于如下事实:这些目标自身也是相互冲突的。《大西洋宪章》就非常明显地潜藏着冲突的可能性。这份文件肯定不会因此遭到谴责。但是整个政策却会因此遭受挫败,除非我们及时考虑到目标之间的冲突在何处会发生,以及在发生冲突之时,哪个目标将获得授权而通过。

---

① "……人类的普遍倾向不会默认那种普遍繁荣的组织状态,并且将来也不会,除非教育水平获得提升。我们不能沉溺于此类幻想。"H. G. Wells, *Guide to the New World*, Gollancz, 1941, p.139.

一些目标要使用强制力，另一些目标则要借助合作，此种混合式的政策执行起来无疑是有难度的，一种政策倾向势必会对另一种政策倾向形成阻滞力。《大西洋宪章》预见到了这个问题，因此宪章指出，将侵略者解除武装的时限定为"建立一个普遍的安全体系之前"。然而，在一段不确定的时期内，强制和非强制则要各自指向其恰当的目标。关于强制和非强制各自的恰当领域问题，存在巨大的观念差异空间。因此就有必要考虑一下，假如推进到逻辑极限，并且不考虑政策倡导者们在实践中将会承认的诸多限制因素，那么强制与合作各自的政策含义究竟是什么。

一项纯粹的强制政策，其含义倒并不在于种种压迫性措施的集合，而在于那种有意识的、持续的和总体性的目标，此即让敌人屈服。假如这一点是目标本身所需要的，那么也同样有必要将强制从一个领域扩展到另一个领域，直到强制力控制一切。德意志针对波兰的政策就是这个问题上最好的现代模板。对德意志采取这样的政策，也将同样意味着差不多是完全否决德意志作为一个国家的权利，以及德意志人作为一个个体的权利。在避免采取大规模灭绝这一恐吓举措的同时，依据此种模式，强制政策的目标很可能就在于逐渐削弱并减少德意志人口。这也就意味着让所有争议领土脱离德意志，其他方面的利益则自动地获得针对德意志的优先权；意味着第三帝国的强制性解体；意味着完全摧毁德意志权能的工业和经济基础；通过强制性地放弃高等教育，尤其是放弃科学研究,摧毁德意志的智识基础;同时也将意味着人口迁移;维持一种顺服的劳动状态和社会状态;禁止德意志人移民甚至旅行,以免德意志的军事、工业和科学专家获取国外影响力。① 如果要获得针对德意志入侵的安全屏障而先不考虑别的东西,那么上述举措以及其他许多举措都是必须采取的。

这项政策的成本在很大程度上取决于哪些盟国将会同不列颠一起执行政策,不过可以肯定这其中包括了一支规模庞大的占领军的维持工作;也包括了对德贸易的折损,因为德意志按照预期将会落入贫困境地;同时这也意味着在必要的情况下,要强制阻止其他大国同德意志的贸易往来以及其他方面的关系;对德意志共同生活和私人生活的方方面面进行持久监督;为达成压制德意志这一至高目的而牺牲其他方面的国际利益;毫不妥协地持守已定目的,因为任何松懈都将是致命的。值得怀疑的是,若出于纯粹政治性的动机,这样的政策是否能够得到维系,最起码也应该考虑到,防御性的审慎并不是那么具有掌控力的动力机制;要在这样的政策上取得成功,就必须宣示出我们是主人民族而德意志人只是亚人种那样的信念,也就是说,我们的心灵必须纳粹化。执行这样一项政策,高度违背了我们的重大国家传统,也许只有

---

① "德意志的战争潜能……包括……其间谍潜能,在世界上渗透范围最广,包括了帝国所有的外交和顾问人员、所有的驻外商业机构、旅游代理机构、科考队以及他国领土上所有的日耳曼少数民族。"*Polish Fortnightly Review*,1942年4月1日。

16和17世纪我们处理爱尔兰问题的例子能在大致同等的规模上提供直接的经验和教训。

就不列颠而言，一项完全依赖强制的政策最终因为背离了英国人的理解方式而垮台，那么完全的合作也将会在经历了德意志的恐怖统治之后而丧失政治可能性，对我们的欧洲盟国来说，则更是没有可能。对不列颠来说，这就意味着她要准备好"在摧毁纳粹保证之后"，马上就要同一个战败的德意志接续起友善的关系，而所有单边控制的迹象都将由此消失。确实，这样的合作政策并不必然要排除可同样施之于任何国家的控制措施，包括德意志和我们自己在内；但是这将阻止不列颠单独或者协同他国来对德意志采取特定的遏制举措。最重要的是，这样的政策将无法限制德意志武装。无论以何种标准来确立德意志边界，德意志都将会视之为公正而加以接受，同时德意志也将获得新的殖民地（若做不到这一点就会造成"不平等"），因此，依据这一政策，德意志将不会产生委屈感；同时，此种解决方案的好处，若能辅以美国和俄国共同参与的普遍安全保证，则将会抵偿因允许德意志完全的行动自由而带来的风险，还绰绰有余。这样一幅图景正是那些在上一次大战之后支持"合作"政策的人内心所惦记的。在这场战争结束之后的一段时间里，完全建基于合作的政策很可能同完全建基于强制的政策同样不切实际，这一事实并不能完全归因于战争激情所造成的特殊环境。各个土地上的人民为了维持和平都付出甚多。从根本上讲，上述事实应当归因于一项明证：一个武装起来的强大德意志一直以来就拒绝限制自身的野心；这样的德意志不会意识到他国的权利和要求同自身的权利和要求乃是制衡的；德意志的侵略倾向并不只是国家政策中可以变动的一个方面，而是属于德意志军事国家的本质，这一军事国家正是历经历史沧桑而发展起来的。

在这样一个外交事务上的重大决定均需要大众知晓并认可的时代，提纲挈领式的简洁（无论技术细节何等复杂）是有助于效率的。正如我们已经看到的，纯然"整体性"的政策往往会提出无法克服的困难，无论是对德意志生活的整体性宰制，还是依托理想化的大国平等而采取的整体性合作政策。然而，如果政策是混合型的，将一个领域保留给强制力，而另一个领域保留给合作，那么就让强制与合作在各自领域尽可能地施展其道，极尽正当之能事且无须负疚。《大西洋宪章》实际上等于是说：不要纳粹，不要武装，其他都可以合作。这意味着，在最高的政治层面上并不承认德意志的平等地位，只要情形不变，任何相反的主张都不会得到允许。如果在最高的政治层面之下允许存在合作，那么合作应当是真诚的，没有限制，没有迁延，也没有牢骚。就英德关系问题的具体细节而言，我们应当记得，大局方面秉持坚定的目的，同时有能力在未可预料的环境中维系这一目的，这一切所能成就的东西终将胜过具体防卫举措所展示的那些天才机谋。

二、力量比

英德关系并不能像英国和其他国家关系那样建基于同样的假设之上，历史并没有给出这方面的证明，就英国和其他国家关系而言，也许会存在争议，但争议并不会导向战争。因此，这就需要去考察英德两个国家的相对权力地位。这倒并不意味着必然要将英德关系设想为永久敌对，或者说，并不意味着一旦关系破裂，英国就不能将阻止战争作为首要关怀，而只能是设法赢得战争；不列颠力量实际上既关涉阻止战争，也关涉赢得战争。权力方程式中不仅包含可估算的物质资源，也在相当大程度上包含着不可估算的因素，比如智慧和意志以及战争—和平艺术中的灵动。因此，确切的解决办法是很难找到的，但是我们相信我们在本章中选择用来进行考察的权力要素，历来都是重要的。

国家战力的一项本质性要素就是其获取他国资源的能力。在准备或者进行多次扩张性战争中，德意志历来都能够幅员辽阔的"合作"区置于自身控制之下。不列颠则主要依靠"潜在同盟"。在所有的大陆战争中，不列颠若仅仅凭借自身的力量实际上都无法克制大敌。不列颠之所以最终能摆脱失败局面，都是出于联盟之举，盟国在大陆战争中发挥着重要的而且通常是主要的作用。当然，不列颠也总是能够为盟国提供帮助，比如上次的四年战争期间，不列颠提供了大规模的援助，最后阶段则提供了决定性的援助，不过最重要的是不列颠能够提供海上力量、战争资源、外交动力以及那种出于对保证的不可妥协的仇恨而带来的韧劲。不列颠拥有同他国构筑共同战线的能力，这种能力也常常遭到扭曲性的控诉，认为不列颠不会去打一场自己的战争。不过，也正是由于不列颠的这种能力，人们发现在数百年的时间进程中，不列颠总是处于胜利者的阵营，而敌人就其自身而言总是比不列颠要强大。要充分剖析不列颠迄今享受的这种高度的"联盟潜力"的成因，这可能会让我们走得太远了。不过基本事实毫无争议地在于，第一，不列颠的事业对于盟国来说大体上也都是值得认可的；第二，不列颠自身的物质和道德力量在人们的感受中都是相当可观的。①

考虑到"同盟潜力"这一不具确定性的因素，我们应当迅速地考察一下德英两国的内在权力地位。德意志领土问题将

---

① 一名并非生于英国的英国臣民曾经评论说："我一直觉得，欧洲和世界的很多地方，确实也包括不列颠自身在内，从根本上认为是不列颠权力、声望以及胜利之基础的东西，乃是不列颠的海上优越性以及道德优越性的融合体，这种优越性甚至也可以说就是至上性。政党宣传，无论是国内还是国外，都展示出某种节制，在面对充满希望的想法所带来的危险时，这种节制可以说达到了自我折磨程度上的小心翼翼，所有这一些，连同别的许多因素，都导致了忽略或者压制上述优越性的倾向，无论是在过去的联盟中还是在当前的联盟中，都是如此，不过不列颠的上述优越性在未来的联盟中仍然是至关重要的。"

在接下来予以讨论；为了进行当前的这个比较，我们不应当提前假设前纳粹德国的领土会遭受大幅度削减，而是应当考察一个多少能够维持其凡尔赛疆界的帝国。另一个比较单位就是联合王国，当然若另有说法我们也会特别指出。联合王国可以支配这个依附性帝国的资源，但这种支配是有限制的，尤其是人力资源方面；享有自治地位的那部分帝国的资源应该归入"联盟潜力"的范畴。

战争伊始，存在一种低估人口因素之重要性的倾向。数字本身却是会丧失其分量，因为少数几支机械化部队就能够穿越一个仅仅依靠老式武器或者次等机械化部队进行防御的国家。不过，从俄德之战中我们则不难看出，若两支高度机械化的部队遭遇，人口减员就会达到四年战争的规模。战争变得越来越残酷，这在焦土政策中显露无遗，这一政策肯定会借助饥荒和疾病带来可怕的死亡，这同样增加了减员数字。然而，最重要的是要考虑到喂饱战争机器所需要的工业生产、喂饱工人所需要的农业生产，正是这一点使得人口方面的优势，尤其是年轻人对老年人的比例优势，在人口质量相同的情况下成为决定性的因素。

意识到日益增加的人口，这会创造出信心和胆量，俄国在遭受惨重损失的情况下的举动已经展示了这一点；意识到稳定化的或者下降的人口，这会使人们对将来产生怀疑并且不愿冒风险。当然，这样的意识并非战争意志的唯一要素，德国和意大利的相对战绩已经证明了这一点，尽管意大利拥有更高的人口增长率；不过这一点显然是很重要的。希特勒声称闪电战节省了德国的生命损失，这说明即便是一名德意志将领也不能冒险担上漠视生命的责任；但是，希特勒笃定意志要牺牲两百万德国人以达成一个历史目标，加之俄国战场上的显见事实，都证明了那种要赢得胜利的意志，无论这种意志在道德上何等可怕，而这种意志在法国司令部的人性化鼓吹之词"法国要少流血"中是明显缺乏的。此类鼓吹之词被视为信心之源，这一事实本身就证明了一个遭受人口下降之威胁的交战国所处的悲剧位置。结论是双重的。首先，尽管德意志的人口压力并非当前战争的原因，但是增长的人口将会加重其现有的侵略倾向，相反，一种稳定化的或者下降的人口态势将会有助于在德意志引导一种防御性的精神态势，就像法国那样。其次，若不列颠当前的人口态势持续下去，那么在面临新一轮的德意志入侵之时，这种人口态势将会加强任何有助于绥靖态度的因素，若这一趋势得到逆转，则将会祛除自由决断道路上的一个障碍，有助于人们依据人口之外的其他理由而接纳风险立场。

地理方面的数据不会发生变动，发明创造方面的数据则不断变动，这就赋予了我们各自的战略地位以新的意义。战争初期阶段经常听闻的那些有关海战和空战中的相对优势的争论，如今已经显得过时了。一个依托于海洋供应的国家，若想承担得起一场战争，就必须拥有足够的空中力量和海上力量。有人指出①，为着这两个目标，不列颠也许会再次享有相对有利的地位，一直以来，不列颠依托这样的位置获得了在几乎所有海面上的行动自由，同样也享受着在大陆上不行动的自由。在我们看来，若一个复兴且敌对的德意志拥有巨大的空中力量，那么我们海军和空军的任何发展都不足以消除这一刺痛。德意志地缘政治学家们构筑亚洲、欧洲和非洲统一力量的构思，既然突破了周围环绕性的海上力量，就必然能够让未来呈现开放态势，对于这一点，我们是不能同意的。相信了这一点就等于是向政治宿命论投降。就我们的目的而言，重要的是，既然空军和机械化陆地战争的发展赋予了置身中心位置的德意志以优势地位，而德意志也迅速地利用了这一地位，那么不列颠方面的任何自我隔离于欧洲大陆之外的企图也就较之以往更为危险了。

由于空军以及机械化陆军训练需要广阔的区域，不列颠就需要同具备开阔地域的友好邻邦携手，以弥补自身的有限空间，比如加拿大、美国。而美国则应当认识到其重大利益所在，毕竟，一个像英国这样在大西洋空中航线上占据要害位置的国家，是不应当遭受不友好国家的占领威胁的。

在海上，除了新的海—空以及海下战争之外，最重大的发展就是对北方航线之运用的大幅度增长，这是战争之必然性所造成的。不妨考虑一下如下可能性：俄国正在进入人口和

---

① 比如，参见 *Sea Power*(Cape, 1941)，T124。

工业上非同寻常的扩张阶段,上述发展,连同航空技术的提高,都将对未来产生重大影响。在这方面,不列颠同样占据着关键位置。就技术层面而言,苏维埃政府使用了越来越强劲的破冰船,这一点是值得关注的。①

战争机械化程度日益提高,这加深了战争对工业的依赖程度。② 在现代条件下,一个国家若不能拥有或者不能够调动丰沛的原材料供应、资本配备和工业技术,以战争所要求的规模生产最为复杂、尖端、范围也越来越广泛的机械装备,也就无法进入能够充分承担得起战争的国家行列。工业大国的力量要胜过其他国家,这不仅体现在程度上,也体现在维度上。若不拉进一个工业大国,则任何的国家联盟都无法指望保持长久的抵抗。

工业的原材料基础处于不断进化当中,因为用于战争的轻质金属、新的合金和塑料都在增加。然而,大国若拥有更大规模、更具适应性的机械工业,并以对发达的煤炭和钢铁资源的控制为基础,那就能够继续保有主要优势地位。化学战的进一步运用,尤其是细菌战的引入,将会对工业和科学流程提出更高程度的精炼要求,同时则不会削弱重机械、导弹和炸药的分量。无论是不列颠还是德意志,其原材料处境

---

① "Russian Communications in the Arctic Region", *Bulletin of International News*, 1941 年 10 月 18 日。"The Strategic Importance of the North Pacific Area", *Bulletin of International News*, 1942 年 5 月 2 日。

② 附录二提供了相关数据,涉及不列颠和德意志的一些主要的经济和工业力量要素。

就两国自身而言都不是特别有利,除了煤炭和钢铁之外。不过,既然为获得供应而极尽手段,自身地位倒并不能构成真正的资源衡量标准,不能用这个标准来衡量两国最终能够调配的资源。

工业方面的第二个基本要素就是工业技术,在这方面,不列颠和德意志都充分配备了自身的资源。人们的一个悲剧性常识就是,德意志的毁灭力量主要就是来自对其优秀的工业技术能力的滥用。现代战争的倾向就是越来越强调技术,因为现代战争要求生产尽可能高标准的工业产品。技术会继续推进下去,而高技术含量产品所带来的优势地位也会得到深化。随着研究步伐的加快,对高端研究器材以及可以赢得技术竞赛的人员的需求也在增加。

德意志最近的以及近来的经济和金融政策的特征,就是为了自己的利益而无情地利用自身所享有的所有优势地位,从不考虑他者的利益;此一政策的全部目的显然就是加强战争力量。很自然地,在相对自由的不列颠经济体制中,战争力量不可能获得对等程度的增长。另一方面,美国之所以为不列颠提供至关重要的援助,这在相当程度上应当归因于两国经济体制的相似性。

在生活的所有部分,德意志都表现出组织化的激情。德意志对历次侵略行动所做的规划都堪称杰出的理智作品。至少在军事领域,德意志已经将组织工作推进到了极端;今日的各级指挥官得到鼓励,在一般性规划允许的范围内即兴发挥。然而，这倒并不是说德意志人像英国人，或者尤其是像法国人那样，擅长即兴发挥。组织方面的才能和热情，以及从一场大规模的规划中获得的经验，对德意志来说是一项资产，尤其是在这样一个时代，借助新技术提供的机会，大规模的组织必定要发挥重大作用。英国人没有理由对自身的组织力量丧失信心，实际上一旦最初的灾难得到克服，英国人这方面的力量是相当可观的。①

战争能力越来越依赖科学研究和发明，无论工业还是军备都是如此。若不鼓励对科学真理的客观追求，从长远来看，这将降低德意志的科学水准，除非（还不存在这方面的证据）科学家们能够对官方控制给出强有力的抵制。然而，科学水准的任何降低迄今都获得了抵冲，因为国家为着权力政治的目的而给科学研究和发明提供了慷慨的资助。工业也以

---

① 一位评论家在比较不列颠和德意志时指出："究竟是什么因素使得德意志人的'组织'如此成功呢？这种成功并非来自任何特殊的想象天赋，仿佛英国人或者拉丁民族缺乏这种天赋。就规划本身而言，个中原因在于对问题进行理性和彻底的前期研究，并且在规划细节时'不辞劳苦的能力'；至于执行问题，则依赖于一种阶梯式的强制和严格的服从，以及个体心灵和意志对一般目的的屈从。此外，以往被视为德意志方式之特性的严格性，则在很多方向上都获得了相当程度的灵活性。

不列颠性格中固有的个人主义对科学组织而言，并不具有理想化的适应力和吸引力，尽管我们在紧急情况下的（通常是迟缓的）应变能力也表明这种能力本身是存在的。我们失败的地方或者说我们更为敷衍的地方在于，我们在紧急情况出现之前，并不能付出足够的努力来研究并准备组织工作，我们也不能在紧急情况过去之后，保持组织的效率；我们的失败之处倒并不在于不愿'好好干'。一旦我们以严肃的态度着手'组织'，如同在一些伟大的工业事务中所表现的那样，那么经验已经表明我们在这方面的能力是相当可观的；不过，我们过于经常地对既得利益表现出过分的尊重，允许它们干扰组织工作。我们应当直面这样的事实，对方法的热爱并不在我们最突出的民族性格之列。"

特殊的热情推进着科学研究。① 不仅在将科研成果付诸战争目的方面，而且在普遍推进科学研究方面，德意志已经引领世界很长一段时间了。自1900年诺贝尔奖设立以来，已经有相当多的奖励给予了德意志科学家，而非英国、法国或者美国科学家。德国、英国和美国的获奖率也只是最近才达到同一水平。②

所有这些物质和知识资源并非唾手可得，除非有着使用资源的意志。此种意志，在德意志并不缺乏，而且已经在军事领袖资格方面铸造起一笔庞大的财富，这种意志很明显地体现在士官生以及军团指挥官的效率上，体现在普通军官和职员的熟练规划及指导能力上，同时也体现在腓特烈式、俾斯麦式以及希特勒式的强大战略上。这三位战争巨头中，有两位并非职业士兵，俾斯麦则展示出及时叫停好战野心的能力。但是，我们在这里使用"战略"而非"政策"一词，这似乎更为恰当，因为政治的本质就是探讨基本目标，而对这三巨

---

① "或许，比此种国家资助科学研究的做法更重要的是将科学同重工业联结起来，此种做法在其发展过程中挑战着大学的地位，而这种做法本身则是在萧条期到来之前在德意志开启的。此种联结式方法的原型就是设在柏林和另外一些地方的 Kaiser Wilhelm Gesellschaft 研究院。尽管这些研究院都是在战前由商人协会建立的，但是都从一开始就表现出对工业之科学需求的宽广见解。这些机构都致力于基础研究，而且不自限于狭窄的工业目的，这同英国研究机构的倾向是不一样的。"（J. D. Bernal, *The Social Function of Science*, Routledge, 1939, p.200.）

② 参见 J. G. Crowther, *The Advance of Science* 一书第97页记载的演讲（1942年1月）。演讲人评论说，科研奖励的曲线图"实际上有助于解释德意志巨大的科学和技术力量、法国的陷落以及我们自身的修复能力，这一切都令世界震惊。事实就是，英国技术的科学核心并非不健康。我们的职责就是要使之尽可能迅速地扩张和生长"。

头来说，征服乃是事实上的最高目标。至于"为何"这样的问题则已经得到了答复；剩下的唯一问题就是"如何"。

　　天才的战争领袖人物的号召，在唤起大众之战争精神大合唱作为回应方面，可以说并没有遭遇失败。德意志人在实际战事中所表现出的战士品质无须再强调了。同等重要的是战争思想在攫取德意志人毕生之精神方面所达到的程度。至少从造就第二帝国的系列战争往后，德意志人就已经较之其他任何国家都更能展示出谈论战争、规划战争以及制造战争的意愿，也许同时代的日本人除外。这倒并不是说德意志已经完全避开了席卷欧洲其他国家的反战情感和观念的浪潮。官方宣传致力于将希特勒的侵略战争描述为出于防卫原因而对假想敌采取的行动，这些假想敌包括财阀民主政体、布尔什维克分子以及正在"压迫"日耳曼少数派的邻国。1939年，依据最有能力的现场观察者的证言，战争前景在德意志人民当中还远没有达到受普遍欢迎的程度。① 德意志人民当中的这种并非情愿的氛围当然是一个重要因素，毫无疑问是出于上次战争的记忆并未消退，不过，对作为整体的德意志人民而言，如果战争以一种相对无痛、甚至有利的方式发展下去，上述情绪就会迅速丧失效力，这正是1939年和1940年战事实际上做到的。作为个人，德意志人并不愿意经受战争苦难，在这一点上全人类皆然。不过德意志明显缺乏的是对

---

① 比如，可参见 J. C. Harsch, *Pattern of Conquest*, Heinemann, 1942, p.37。

战争本身的反对。

德意志陆军唤起了德意志人的信心和骄傲,如同海军在不列颠唤起的情感,只不过其程度要大得多。可比较之处也就到此为止了。不列颠海军仍然是相对少数人的使命所在,而全体德意志成年男性都有过德意志陆军的经历,而且在情感上从未远离过德意志陆军。此外,不列颠海军并不具有自我立法能力,而是处于政治性的控制之下。尽管数个世纪以来海军都是不列颠国策最锐利的武器,不过人们也总是将其行动理解为一种附加性的政策功能。[①] 相反,德意志陆军则不仅频繁地借助侵略手段将德意志国家意志强加于他国头顶,而且也倾向于让自己成为国内的统治力量。可以不夸张地说,在许多德意志人眼中,德意志陆军就是事实上的德意志国家,无论谁要是破坏作为一支巨大力量的陆军,也就是在破坏国家,无论这个人拥有其他方面的任何权力。

一直以来人们都说不列颠是个战争国家而非军事国家,这是因为一旦情形需要,就能够唤醒不列颠采取有效的军事行动。在海战和空战方面,不列颠的效率是有目共睹的。蔑视不列颠陆军的习惯在国外是根深蒂固的,但在国内却不为人知晓。在军事领袖资格、作战以及组织方面,不列颠所展示的军事能力,也总是只在经历了试错考验的初期阶段之

---

① 参考"我们是……在合法海域中通行的安全保障。"《国王的海军》(*His Majesty's Navy*)中的祈祷词。

后，才得到回报，这似乎成了铁律。就常态而言，不列颠无意准备一次大规模的军事行动，厌恶战争思维，并认为和平不仅是可欲的，也是国际关系的自然秩序所在。相反，在德意志，习惯奉献于战备工作的国家能量以及知识力量的比例则要高得多，而且我们是就备战一词的宽泛意义而言的，德意志人广泛地将战争接纳为国际关系的真实和自然状态。因此，参与一场特定的战争，不会像在民主国家那样，在德意志引发一场同等程度的讨论，比如这场战争是否必要或者正义，或者是否战争普遍而言不应该在人类事务中发挥如此重要的作用。

在八十年的时间段内，德意志人民站在领导人的背后，支持了五场战争。只是在一场漫长战事使得胜利的希望日益渺茫之后，这个统一体才被打破。就当前这场战争而言，究竟是哪些主要因素造就了这个统一体呢？人民对一个强悍领导人的忠诚，尤其是在软弱且分裂的领导权时代之后，更是迸发出热情，战争初期的满意和兴奋，民族野心，对运气的希望，所有这些因素都发挥着作用，同时，从上次战争中恢复过来之后所爆发出的能量也不可小视；不过，最最重要的则是战争初期的那种感受，认为德意志征服并统治次等民族乃是必然的和正当的。这种使命感，辅以德意志种族优越性的教义以及纳粹信纲的其他条款，在此存续期间传达出特殊的力量和确定性，认为这是对那些自感为不可避免的历史进程之代理人的奖励，而不单纯是在追求一个有可能是无法达成的目标。

还有一项因素对德意志统一性和战争力量做出了重要贡献，这就是：德意志人民作为一个整体，对于社会秩序之合理和公正的感受。在德意志第二帝国治下，相对先进的社会保障政策在采纳之时就抱有社会秩序方面的目标在内。希特勒则相应地通过提供充分就业，暂时地将现代人首要的国内恐惧逐出德意志人的心灵，并不费吹灰之力就说服了德意志大众纳粹体制较之"财阀民主"的优越性，尽管这一充分就业政策在微薄工资的轨道上运行，而且在轨道的尽头是不可避免的战争。通过非经济性的奖励，比如地位分级、军队和政党中的晋升、旅游、盛会以及以新的政治手法上演的戏剧，他也暂时地赋予了迷茫的个人以一种共同体的感觉。这份礼物无疑是空洞的，以对外的仇恨和内部的保证为代价，只是在后来，这种空洞性质才显现出来。无论此类救助举措何等虚假，纳粹正确地诊断了失业问题，将之视为经济上无助且社会地位卑微的个人的精神核心之一。

不过，德意志统一性自有其弱点，因为其基础并非成熟且稳靠的政治传统，而是成功的军事冒险。希特勒的《我的奋斗》证明了德意志人在危机时刻的"四处出击"倾向①，戈培尔则写道，"我们年轻的民族统一体刚出生不久，因此要比其

---

① Adolf Hilter, *Mein Kampf*(James Murphy 英译), Hurst and Blackett, 1939, p. 332.

他民族经历更多的考验和诱惑。"①为了维系军队的相对优势地位,市民人口的生活标准势必要降低,危险也随之逼近,国家在军事主人和市民奴隶之间的划分格局也显露出来,这是军国主义哲学所造就的。此种局面一旦到来,就会呈现排山倒海之势。我们在此无意就德意志统一性的严密程度得出什么长远结论,关于这个问题,下一章还有更多的话要说。

不列颠的统一性在民族历史的这个关键时刻再次表明了是强大的,并且这也是不列颠人民理所当然认可的恰当生长方式,因此要对此种统一性的组成要素进行剖析并无意义。不过,既然有了此种信心,那么不妨注意两个环节,这并非没有好处,一个环节被认为是危险信号,另一个则被广泛认为是一项缺陷。第一个环节就是除开战事付出之外,仍然持续的大规模失业。那种可以掌控失业之恶并且"不让财富掠夺国家"的社会②,仍然遥遥无期。我们说过,从民族统一性的角度来看,这无异于一个危险信号,不过这并不能成为沮丧的理由。不列颠人民在过去已经创造了更为稳定和意义更为重大的社会进步速度,而无须革命暴力,并且是在公民自由的条件下达成的,这一事实使我们有理由期望我们能够应对这个时代的社会挑战,并且应对的方式会带来好处而无须付出代价。其次,就观念领域而言,不列颠是在同纳粹德国作

---

① Joseph Goebbels, *Das Reich* 一文中的片段,引自 *The Times*,1942 年 2 月 10 日。

② 见 Winston Churchill 的演讲,载 *The Times*,1941 年 3 月 28 日。

战,如同和革命和帝制的法国作战一样,不列颠乃是处于防卫态势。一直以来,不列颠力主的一些伟大观念,比如政治和宗教自由、经济自由主义以及对进步的信念,至少就这些观念的传统形式而言,已经部分地丧失了其激发性的力量。尤其是在革命当中,人们见证到行动中的观念,确实,自从克伦威尔时代往后,人们就再也没有看到不列颠军队受一种堪比推动着美国革命、法国革命、俄国革命以及德意志革命的心灵能量的支配。然而,克伦威尔的一系列胜利并非不列颠战士所取得的最后胜利,也并非最持久的胜利,因此下结论认为革命热情是唯一可以铸造战争力量的信念,这是鲁莽之举。

尽管支撑一项普遍性事业的感觉无论如何都不会缺失,但是在1940年的危机中支持不列颠进行抵抗的道德力量,就其核心而言,乃是那种显而易见的爱国主义,确切地说,这意味着捍卫国家土地的必然性,与之一体的还有民族的生活方式。人们常常强调的事实是只有少数几个国家能够真正担得起战争,这一事实更为凸显出民族主义激发抵抗决心的力量,这样的事情不仅仅发生在不列颠(大多数国家在那种局面下可能都会选择放弃而接受失败),而且也发生在那些抵抗几乎从一开始就注定无望的国家,比如希腊、南斯拉夫以及荷属东印度。然而,既然捍卫民族土地乃是一项传统观念,那么更为重要的就是此举在多个国家的失败,尤其是法国,这个国家乃是防御性爱国主义的典范。法国爱国本能的

二、力量比 039

削弱显现在战争的早期阶段，主要原因似乎有两方面，第一，由于社会利益冲突所造成的内部分裂以及缺乏有能力的政治领袖人物；第二，四年战争所付出的辛劳与造成的损失，以及解决法国安全保障问题方面所遭遇的挫败，这一切都造成了一种无处不在的懒散氛围，实际上法国在安全保障问题上的失败乃是普遍性失败的一部分，对这场失败，法国和其他国家都负有责任。在当时的欧洲，一种更为普遍的无序状态已经在发挥作用，或者更确切地说，对无情且自信的权力已经产生了正面欢迎的态势，此种态度协同了所谓主人民族的早期进展，这一切是否意味着对个人和民族独立日益增长的冷漠，这是一个需要加以思考的重要问题。无论实情如何，不列颠的抵抗决心①多少应当归因于下面的事实：和其他西欧国家相比，这个店主的民族已经在其政治、社会和文化生活中保存了诸多非经济性的价值，其结果是，一场主要由经济原因促成的国际危机，并未触动不列颠本质性的民族结构。

　　可以肯定，不列颠人民将在战后尽其所能地建立自身的以及普遍的安全体系。他们不会轻易承认失败。但是，即便如他们这般热爱成功，他们的力量的终极秘密，如同所有健康民族的力量秘诀一样，就在于他们并不认为自身的历史必然是一部有关成功的故事。对他们自身而言，有一种生活乃

---

① 对其他国家来说，有必要记住下面一点，不列颠所遭受的实际入侵的考验是不列颠历来所经历的考验中最为巨大者。即便如此，不列颠在1940年的立场在道德上堪称伟大，同时（若取得胜利）从历史角度看则是决定性的。

是必须无条件地加以奉行的。这种生活必定要包括个人以及民族方面的诸多自由,这些自由乃是不列颠历经斗争才得到的。这种生活必须接纳那种为着更大的社会正义而进行的无可抗拒的运动。至于运动背后的哲学,则很难总括性地讲明,我们能说的只是,只要这种生活持续下去,就无法同有关人性及其命运的基督教观点隔绝联系。

三、边界问题:政治结构

一个新的欧洲领土协定？

有看法认为,战后不必把过多的注意力投放在政治边界问题上,相应的,欧洲国家间边界问题的协定应当等到经济版图重新划定之后,再予以考虑。但是,这种看法只有以下述观点为前提才不失去效力:政治控制方面的边界和经济机会的边界必定是重合的。假如边界问题并不重要,那么最好还是维持上一次的条约安排,除非有充分的理由做出特定的调整。我们不应当面对这种无常的不确定性,因为这很可能将会把那些认为边界问题很重要的人们的精力离开经济重建领域,相反,我们应当将一个普遍接受并固定下来的政治基准线作为我们的出发点。有人指责《凡尔赛条约》、《圣日耳曼条约》、《特里亚农条约》、《纳伊条约》以及《洛桑条约》就有忽略某些经济问题之嫌,这并非不公正,因为这些条约并没有关注经济问题。不过这些条约也都相当合格地完成了领土划定的任务,而这正是它们所注重的。问题是要造就一种经济方案,而非肢解一项政治安排。一方面,一些欧洲小国可以出于自身的意志并在自己选定的时间,进行经济甚至政治联合的明智之举,另一方面,则是让如下观念主宰世事:在盟国体系中的大国看来,欧洲边界问题历来都没有固定之策;这两方面是有巨大差异的。

德意志领土问题

就德意志而言,可以有信心地进行预言:如果像《大西洋宪章》打算的那样,确实能够将一种安全且自由的国际体系付诸实施,那么德意志的任何一个邻居都不会同意和德意志一起进入一个封闭的政治体系,无论这会带来多大的经济优势。问题在于:用怎样的领土安排办法来削弱战前的帝国版图?

就我们的盟国捷克斯洛伐克而言,女王政府曾经宣称,捷克斯洛伐克"不受1938年及其之后所实施的任何变动的影响"[①];而且就奥地利问题还给出了类似的说法。凡尔赛所规定的帝国边界则很可能会导致矛盾丛生,东普鲁士和莱茵兰就是很明显的例子。在可以想见的会提出领土要求的大国之外,不难预见,苏联势必会对纯粹领土问题产生较之不列颠和美国更大的兴趣,不列颠和美国的直接关怀所在主要是在

---

① Mr. Eden 在下院的演讲,1942年8月5日。

战略和经济方面。

《大西洋宪章》的第2条重新确认了自决原则,尽管其遣词还是为具体情况下的多种解释留下了空间,这是因为可以就"相关的人民"这个词进行多种解释。这一原则在1919年被认为是决定性的。原则本身的运用强化了奥匈帝国和奥斯曼帝国的分裂,一系列事件随之而生。与此同时,这一原则也使得德意志能够将所有无可争议的德意志领土保持在帝国范围内,由此,那些以有利于胜利者的最终解决方案来划定的边缘地区,其实很小。这场战争之后,许多人会感觉到德意志将被剥夺掉自决原则的好处,因为德意志在取得一系列暂时性胜利时,对自决原则是置之不理的,并且,许多人会觉得正是德意志给出了诸多先例,通过大规模移民,来解决有争议领土所带来的困难。此外,自决原则本身尽管仍然强大,不过也并不是总能够获得足够严格的运用,比如它不可能对抗联合国所认定的更高的政治或经济利益。威尔逊总统是可以向林肯总统提出上诉的。就战前德意志的边界问题而言,首当其冲的利益可以是德意志某个邻国的利益,可以是德意志自身的利益,也可以是一种集合利益,比如欧洲共同体的利益或者联合国的利益。因此,就一个具体地区而言,决定性的因素不应当是一个具体国家的要求,甚至也不应当是这个地区的居民的意愿,而是所提议的分配方案能够在何种程度上有助于就陆海空军的合作、欧洲权力和交通的发展以及新的工业集群做出国际安排。此类的前景当然取决于能否建立一个较之以往都要稳固得多的国际权威结构,而且并不只是适用于德意志周边的争议地区。

若一项政策的安全目标建基于不惜代价、不择手段地削弱德意志,那么就不难设想,所有争议领土都将归附德意志之外的领土要求者。除了以《大西洋宪章》为基础的看法而外,一种可能的反对看法认为,将暴露于外国影响力之下的人口纳入德意志版图,这有可能会淡化标志性的德意志精神,若不这么做,则德意志精神甚至会较之以往更为危险地集结起来。即便边缘地区人口的性格同德意志大部分普鲁士化地区的人口性格显著不同(比如说,就莱茵兰的情况而言,这种看法并非不真实,但是就东普鲁士而言,则不那么真实),无论俾斯麦帝国的经验还是希特勒帝国的经验都不会支撑如下希望:纳入帝国的边缘地区的日耳曼人能够长期抗拒主流德意志精神的吸附作用。乍看起来,让所有边缘地区脱离德意志,并归附其他的领土要求者,应当有助于使德意志"无力"威胁他国的安全,只要存在一个合理前景,让新的安排能够持久运作下去。如果在归附德意志的人口当中并不存在一种足够强烈的欲望,使他们无法接受这种新的安排,如果能够给这部分人口保证一个至少不次于在德意志帝国所享有的经济前景,那么上述情形就可能实现。相反,如果存在不满,无论是真实的还是煽动性的,就应当用强制力去进行压制,以免情况发酵。

为了避免不满人口的出现,几乎可以肯定要将德意志居民从所有争议地区排除出去。这种巨大的人口迁移也正是希特勒一度实施过的,此举将使德意志人口的抗议丧失多数效力。即便如此,一项如此昭彰的区别对待政策很可能会对安全问题造成折损,因为首先,此举会造就出德意志人的侵略情绪,其程度超越了其他解决办法;其次,此举为集结想象中的冤屈提供了真实冤屈这一牢固的基础,假如没有这种真实基础,那么受到更好教育的一代人势必不会接纳想象性冤屈的影响。

那么"合作"政策会是怎样的情况呢?如果合作仅仅意味着同德意志的合作,而不考虑同德意志邻国的合作,那么在任何一种争议情形中,裁决都将以有利于德意志的方式做出。此种优先待遇可算是战争的奇特结果。很显然,唯一值得考虑的合作乃是那种能够考虑到所有正当利益的合作。可能采纳的方法包括公决以及就杂居人口进行某种程度上的成分剥离。确实,能够为各方接受的实施方法乃至判断标准,实际上都是不可能设计出来的。不过依据上述观点,争议情况中要考虑的首要因素应当是作为整体的欧洲的需要。因此,以联合国的名义占据战略上的高点就是必要之举,以便捍卫安全并实施有效的裁军。在决定一个特定的领土问题时,普遍性的经济考虑也将起到至关重要的作用。

关于普遍原则问题,我们就谈到这里,就这些原则本身而言,除非我们打算生活在一个纯而又纯的德意志世界中,否则我们都必须对这些原则示以尊重。当然,现实中没有任何领土问题可以依据一个原则或者一组原则获得完善解决。每个特定情况都将受到自身特有的复杂因素的影响。关键性的领土问题就是要在东欧领土问题上找到解决办法,毕竟战争就是从这里发起的,只要找到解决方案,那么维持这一方案就是普遍利益的题中之意。①

帝国的统一性?

目前为止,我们已经构思出一个帝国,这个帝国的边界可能已经缩小,但在这个缩小的边界之内,帝国仍然是一个统一体。所谓德意志人的"坚固集群",希特勒正是在此种帝国统一体当中看到了德意志霸权的恒久保障,这个集团也许不再由一亿左右种族意义上的德意志人构成,但依然是中欧和西欧最大的民族性集群。一项旨在削弱德意志的政策,若推向极端,将会要求肢解帝国。德意志人自身的肢解技术一度运用到波兰、捷克斯洛伐克和法国身上,此种技术不单单是将国家隔绝为大致等同的多个单位,每个单位多少都对恢复往日的统一体有着同样的意愿,而且也是一种逐级屈从的体制以及一种多维度的碎片化体制。德意志民族结构内在的多样性是巨大的,因此能够为发挥分而治之艺术之优势提供卓

---

① H. J. Mackinder 在一代人之前就已经非常简明地陈述过这个问题,见他的 *Democratic Ideals and Reality*(Constable,1919),第六章。

越的试验场。然而,即便人们认定不列颠具备持久的能力去涵养那种积极的恶意和摧毁的激情,以便维持这样一种政策,若仅仅是不列颠一个国家,是否具备维系此项政策所必需的物质强制能力。政策本身越是极端,就越有必要与盟国中更多大国取得协同。然而,没有迹象显示美国会赞同这种强制分化的政策,苏联同样也没有此种意向,这一点可以从斯大林于红军二十四周年庆典上发表的《今日之秩序》的演讲中透露出来,演讲里面提到了德意志国家问题。①

那么接下来的问题就是:假如发生了自发的分离主义运动,不列颠应当对之采取何种态度?德意志的失败和纳粹体制的崩溃很可能会造成大规模的德意志内部争斗。这种混乱状态势必有利于地区分离主义者的主张,尽管分离主义精神距离失控的政治和社会激情漩涡中最强劲的因素还很远。对于盟国来说,问题在于,如果离心倾向已然显见,是否应当协助这种离心倾向,确保一些条件,不使之遭受仿佛注定的挫败。此类重大条件之一就是在帝国的分裂地区和邻国之间提供一种经济上的安排,使得分离运动变得可行,同时也确保德意志和新的国家集团之间存在平等地位。然而,要满足这些条件乃是一项艰难的任务,尤其是考虑到德意志的邻国在同德意志民族主义者紧密联盟的问题上可能会采取的态度,即便满足了这些条件,也不足以保证分离运动的长久。1919

---

① *The Times*,1942 年 2 月 24 日。

年，盟国在将奥地利确立为一个分离单位时发生了种种疏忽，仅这些就足以使分离运动走向失败。假如原始冲动是强烈且真实的，那么盟国无疑就能够做许多工作进行鼓励，既有物质上的引导，也能够提供新的文化和技术活动场所。但是盟国无法保证成功，因为成就和持久性乃是取决于德意志人自身是否会抗拒此类离心力，这类离心力必定会唤起德意志人的战败记忆。因此，盟国的问题就在于，一旦分离运动不得人心，是否考虑运用强制力，这和肢解德意志方案所遭遇的问题是一样的。

问题的真正关键点在于，战败带来的混乱是否足以摧毁德意志民族的统一情感？统一的意愿一直以来都长久地烙印在德意志的民族意识当中。这种意愿的明确实现乃是一项"礼物"，希特勒正是以此为基础，才得以向德意志人民提出了最初的奉献要求。希特勒持续的空间扩张究竟在多大程度上破坏了德意志人的此种情感，在普遍性的社会狂热中，民族性原则的力量究竟在多大程度上遭到消解，这些都是带有高度猜测性质的问题。政策的唯一牢靠基础就在于如下预期：德意志人将决心捍卫他们的统一性，除非有强制力介入并加以遏制。如果胜利者自身主张一种强有力的民族主义，这种可能性就会演变成确定性。

如果人们接受如下看法，认为德意志统一的意愿至少会持续到未来某一天欧洲的民族主义精神让位于一种欧洲精神，因此强制性地肢解政策都不可能长久，无论是借助外力还是借助内斗,然而,这种看法倒并非意味着第三帝国的政治结构将会或者应当保持不变。俾斯麦所开启的德意志统一进程在魏玛和第三帝国时期仍然在持续。地方主义就其原始形式而论已经以一种稳定的方式趋于弱化了,尽管在1918年有所复兴,并且很可能在经历又一次战败后还会回潮。不过,同此种半是情绪性半是实用性、但就历史而言一直在持续的统一意愿如影相随的,乃是那种恢复各州往日自治的意愿,这种意愿也是真实的。在德意志统一的框架之内,仍然保持着各州利益和特性方面的一种明确分化。这一点不仅显示在1918年之后暴烈的分离主义运动方面,而且也更为平和地显示于《魏玛宪法》起草之前的漫长磋商进程中。当时的提案是以一个单一制构架取代德意志联邦,这一提议遭到了特别的反对,并且采取了诸多举措来遏制普鲁士的行政霸权(尽管并非军事霸权)。魏玛体制在帝国议会赋予小州的权力也超过了往日里在联邦议会中所获得的权力。

必须要考虑的问题是,是否应当鼓励分权运动,以及恢复一种真实的联邦制或者邦联体系,将会在多大程度上影响到德意志侵略精神之回潮的概率和力度。当然,不存在增加其概率和力度的问题;而且在未来德意志允许的限度内从柏林剥离出一些武装力量,比如"警察"或其他种类的力量,剥离出一些行政部门,并建立一种权能相对较小的联邦权威,设置在普鲁士之外的地方,这一切都能够削弱德意志的侵略欲望和能力。分权进程应当走多远,应当给予分离各州多少自由去选择自己的宪法以及法律和教育体制，这些是德意志人要考虑的主要问题。然而，值得怀疑的是，此种决断自由是否会完全留给德意志；无论如何，这都需要盟国的同意。一种分权的政治体制将给德意志人提供更多的机会去获取实际政治经验，这是一个集权的帝国议会做不到的。

总而言之，在这件事情上，我们并不必然会遭遇到那种直接的困境，要么是就德意志的不同地区施行强制分离，要么是消极地接纳一种无所区分的政治统一体。为了欧洲安全考虑，应当要求德意志做出一些政治保证。不过，若联合国在欧洲未来问题上有积极的看法，这种看法当然包含着对德意志军国主义的监控，但绝不仅止于此，那么德意志民众将很有可能学会分享联合国的看法。重要的是，德意志人应当学会用政治方式思考问题，这些方式本身应当是德意志人自身的，而不仅仅是借来的。然而，和历来作为德意志对政治科学之首要贡献的军国主义不一样，此类观念必须容许他人有安全保障，而不是将他人置于险境。

四、自由

德意志的政府问题

我们宣称的战争目标之一就是"摧毁纳粹暴政",因此,我们便有必要询问一下,是否应当借助胜利来影响德意志的国内政策和体制,以便为着安全考虑,阻止纳粹主义的新一轮生长。我们在此无意在理论上探讨干涉别国内政这一问题,但有几个问题是同我们相关的。

尽管在上次战争之后的几年中,盟国并未插手德意志内政以便维持一种民主的政府形式和自由制度,不过在战争期间盟国确实进行了此类干预。在停战前建立了一个向帝国议会负责的政府,尽管这象征着多年来一直为自由制度奔走呼号的那股国内力量的明显胜利,但显然也是因为威尔逊总统拒绝向一个非民主国家停战。此外,《魏玛宪法》的设计者们,主要是借取了西欧的资源,这些设计者们当然不会没有想到如下的希望将给他们提供的支持:宪法的自由特征将会在盟国那里找到支持。在这个意义上可以说,盟国确实影响了德意志的政治发展,尽管并没有运用直接的压力。①

《大西洋宪章》的第 3 条②重新确认了在别国"政府形式"问题上的不干涉原则。不难想见,选择的自由不仅仅适用于特定的宪法形式,也适用于政府本身的选择问题。然而,具体到德意志的情况而言,这种自由是否是无限制的,这一点尚不能肯定,因为《大西洋宪章》第 6 条有关"最终摧毁纳粹暴政"的内容③,假如容许德意志自由地重建一种纳粹政府,那么这一条款也就无法实现了。即便没有《大西洋宪章》的这些条款,盟国也极不可能规定德意志要设置一种特定的政府形式,比如模仿英国模式设立议会制政府,或者设置一种苏联模式的政府,也极不可能借助强制力去维系此种政府形式。不过,如果消极默认德意志去重塑一种准纳粹的政府形式,这将同关键性的安全政策形成冲突。因此,自然而然的办法就是不要抱过多幻想,就事论事地进行考察。不过,这种审慎的临场应对之策并非万全之策。问题不仅仅在于必须有一个底线,确切地说,不能容许出现一种准纳粹的政府形

---

① 参考 H. Wilson, *Diplomat Between Wars* (Longmans, NewYork, Toronto, 1941),第 122 页:"……库诺对总体的态度乃是那种有思想的德意志人针对政府的典型态度。他们愿意一试,盟国似乎也喜欢此类事物,但是他们在看待政府行为时的情感变动不定,从友善的愉悦到蔑视都有。"

② "第三,他们(指签署宪章的人)尊重各国人民选择各自生活于其中的政府形式的权利;他们希望看到主权权利和自治政府得到恢复,还给那些往日里被剥夺了这些权利和自治的人们。"

③ "第六,在最终摧毁纳粹暴政之后,他们希望看到和平的确立,使所有国家都能够在本国安全生活,并保证所有土地上的所有人民过上免除恐惧和匮乏的生活。"

式；真正的难题在于，在战败的境况下，德意志人需要的不仅是选择自由，而且也需要就如何恰当地运用这种自由获得指导。

对于他国权利必须得到尊重、国际条约必须得到遵守这一原则，如果一个政府加以拒绝，那么我们就无法同这个政府达成真正的和平。若遵从这一原则，那么具体政府形式的问题我们倒没必要过度关注——可以是一个民主制政府。有关民主的争议过去一直就是德意志公共生活中的一件大事。然而，选择的最终做出与其说是依据对某种政府形式的抽象偏爱，倒不如说是取决于人民对于政府应对社会和经济问题的能力的判别，以及人民对政府在限制性情况下（尤其是经济方面的限制），应对公共秩序的能力的判别，这些限制乃是由胜利者施于德意志的。我们究竟能够在多大程度上有效地协助政府组织方面的工作，这取决于我们从真实性、有效性以及权能角度对各种建设性因素所做的评估，这些建设性因素可能是从前纳粹的德意志传统中保留下来的，但最重要的成分则是来自纳粹体制解体后得到释放的新力量。

自由选举与公民权

假如在保障言论和投票自由的前提下，让德意志政府时刻处于人民的监督之下，那么这种方法是否能对我们的安全构成一种可能的或者有用的保障，这是一个特殊的问题。德意志人民很有可能希望能够在将来控制政府的行为，但是，如果德意志人民是在别国的命令之下这么去做，那么他们的这种意愿便不会那么强烈。保障言论和投票自由，对于此类自由之价值的信心依托于如下前提：在此种自由境况之下，若政府政策显然会导向战争，那么德意志公众将会推翻这个政府。可以肯定，假如希特勒将他有关莱茵兰、奥地利和捷克斯洛伐克的决定交付公众舆论自由评判，则很有可能会出现票选上的逆转，但是若因此认为仅凭自由选举就能够消除那些民众运动所造成的后果，这实际上等于是将一种非凡的能力赋予了这个因非政治化而声名远扬的民族，仿佛德意志人真的能够在即刻满足和长远危险之间做出权衡。言论和投票自由确实存在于魏玛体制当中，而且重要的是，魏玛时期的政府，尽管也都通过积极或者默认的方式推进着德意志重新武装的准备工作，但是最终还是为更具军国气息的后继者所取代。因此，根本不能保证自由选举可以在德意志遏制侵略图谋的发展；我们甚至还必须进行干预，以压制用于复仇宣传的言论自由。不过，从总体上看，投票自由，若能辅以接触事实方面的自由，将会发挥冷静剂的效果①，只要人们能够确定，复活的侵略图谋或者重新武装的图谋将会遭遇到来自

---

① 在但泽，自由是经由国联这个外部实体获得保证的。在德意志对自由厉行镇压之后的数年间，但泽仍然拥有相当高的自由度，只是在列强于国联会议上清楚表明他们将不再保障但泽的自由之后，这种自由才最终消失。尽管自由在程度上存在差异，但这项经验本身是值得关注的。

外部的坚决回击,并且影响舆论的手段并没有留置在德意志鹰派的手中。

自由选举问题也导向了我们所谓的消极权利的使用问题,所谓消极权利也就是基础性的公民权,依据我们的感受,这些权利是任何公民都应当享有的,其中包括:信息自由,这一点上面已经提到了;一般性的言论和批评自由,这倒并非仅仅是出于选举考虑;宗教自由;集会自由;免受任意逮捕的自由。据我们已有的证据显示,普通德意志公民更为尖锐地感受到的是某些个人权利遭受剥夺,尤其是无法表达意见,无法得到不受审查的文学,而且在盖世太保面前基本上是无助的,与之相比,德意志公民对于政府之不负责任的感受倒没那么强烈。然而,上面有关政治权利问题所做的考察也同样适用于公民权利问题。在德意志这样的强力国家中,对个人自由的镇压于邻国而言自然代表了一种危险,因为针对个体权利所实施的暴力能够迅速演变为对外侵略方面的备战工作。也许有理由寄望德意志人不会愿意再次失去他们所享有的这些基础权利,这些基础权利他们甚至在第二帝国的体制下也一度享有过;但是,如果必须付出这些权利方面的代价以达成看起来很重要的目的,比如社会安全、有效政府以及在机会再次来临的情况下的军事力量方面的目的,那么德意志人无疑是会愿意有所牺牲的。因此,重要的是,应当通过自由的方式达成社会安全和有效政府,而军事力量的道路则应当封死。

假如不是将德意志单挑出来作为一个必须施以强迫、使其为了他国安宁的目的而保持一种特定形式之宪法统治的国家，那么全部的问题就会变得非常不同了。假如下面一点能够获得人们赞同，尤其是获得所有欧洲国家的赞同：为着普遍利益，必须保证自由选举和个人权利，那么德意志若仍然对自由持反对态度，则尽可以不喜欢并想办法进行规避，不过德意志也将无法获得直接的激励去实施歧视政策。依此理论，则是否应当向全欧洲推介此一政策，将一种合作性政治协同机制的好处和义务联结起来，这是一个有待进一步讨论的问题。不过有一点是很清楚的。除非德意志存在着对个人自由的明确保证，无论是单方保证还是普遍保证，否则犹太人和其他种族或者政治少数派将会再次面临遭遇第三帝国时期之命运的相同风险。

五、经济政策

《大西洋宪章》与德意志经济

本章中,我们不关注经济政策的正面结果这一问题,而只关注经济政策同免除德意志未来入侵这一问题的关系。《大西洋宪章》已经在这个问题上就强制或合作做出了选择,相关条款如下:

第四,他们(也就是《宪章》的签署国)将在尊重现存义务的前提下,努力推进各国在平等条件下对全世界贸易和原材料的享用,此乃经济繁荣之所需,无论是大国还是小国,亦无论是战胜国还是战败国。

第五,他们希望所有国家在经济领域进行最充分的合作,以确保所有得到提高的劳工标准、经济发展以及社会安全。

此后,《宪章》的原则便获得了苏联和其他联合国成员国的批准,鉴于这些原则将会转译成具体的行动纲领,因此很显然,更好的做法是敲定此一得到接纳的合作政策的具体含义，而非敲定已经遭到拒斥的强制政策的具体含义。不过，应该略留一些笔墨描述一下强制政策，以便能够更为清晰地对画面进行聚焦。强制政策并非完全是一个学术性质的问题，因为即便在经济和社会事务领域，也要求某种程度上的强制，因为在《宪章》条款所允诺的经济和社会事务领域的各国平等待遇，和那些规定侵略国必须单方面解除武装之类的条款之间，是有可能发生冲突的。① 此外，宪章的安全承诺若在任何程度上遭受折损，那么那些自感最易遭受德意志威胁的国家就会不惜任何手段去寻求补救，为此他们不会顾及经济承诺方面将会因此遭受怎样的折损，若不能意识到这一点，那就犯下了疏忽之罪。反过来说也同样成立。宪章的种种目的乃是一个整体，一损俱损，一荣俱荣。

联合国所推行的彻头彻尾的经济帝国主义政策，究竟含义为何，这可以从德意志自身的"新秩序"政策中推断出来。只需要把推断程序颠倒过来就行了；德意志并没有为处于其直接或间接控制之下的所有领土规定生产什么东西，也没有在生产多少、在哪里生产以及诸如此类的影响整个经济过程的问题上进行规定，相反，德意志会发现此类事务的决定权在于其他大国，并无德意志利益或者意愿的份儿。在此种体

---

① "第八，他们（也就是宪章签署国）相信，世界各国，无论是出于实际考虑还是出于精神考虑，必须放弃使用强制。如果那些威胁或有可能威胁进行对外侵略的国家，仍在使用陆、海、空方面的军备资源，未来和平将无法获得维系，他们相信，在建立一种更为广泛且持久的普遍安全体系之前，解除这些国家的武装乃是关键。他们将同样协助并鼓励所有其他的可操作举措，以便减轻压在爱好和平的人民身上的军备重担。"

制之下,盟国规划当局所议定的任何举措都不会遭遇障碍,比如摧毁德意志的重型机械制造业以及造船业、迁移劳动力和工厂、取消其金融和商业自治。德意志的工作条件和普遍的生活标准将会遭受牺牲,只要这对他国有利,或者是出于将德意志人口保持在贫困、服从和无知的正面目的。

粗粗看一看这种前景就足以说明,成为此项政策的代理人,就势必要在相当高的程度上悖反不列颠传统,此类政策的维系也超出了不列颠的能力范围。刻意摧毁德意志的生产能力,无论是工业领域还是科研领域,都将会把其他欧洲国家卷进来,使各国的生活标准进一步降低;因为,即便其他国家获得了最充分的发展,如果德意志仍然是一个落后地区,那也不足以将欧洲生活标准保持在一个很高的水准之上。不列颠将因德意志的贫困而在某种程度上遭受失业问题上的折磨,因为德意志也是不列颠的消费市场;将德意志作为一个出口竞争者予以剪除,是否能够对此予以弥补,这一点是颇值得怀疑的。此外,要将德意志保持在贫困境地,不仅会因军事和其他的强制举措而给不列颠造成巨大的支出,而且也会让不列颠同那些更愿意同一个繁荣的德意志做生意的国家,发生冲突。倘若如此,则不列颠就只能要么在必要情况下借助武力将强制政策执行到底,要么就放弃这项政策。

因此,出于实际考虑,我们应当放弃借助军事和政治力量对德意志经济生活实施完全控制的想法。此类虚幻的想法只有在不列颠和其他国家陷入"选民"观念的狂热当中时,才会成为现实,这种狂热一度攫取了德意志人的心灵,驱使德意志人将他们之外的人类纯粹视为达成自身目的的材料而已。确实,诸如不列颠和美国这样强大的工业国,自然有多种方法将自身意志加诸经济弱国,而不必诉求任何德意志方法。然而,证据已经表明,即便他们会这么做,也无法轻易逃避他们为自己编织的经济合作之网,相反,他们倒必需制定出将其他国家的福利作为目的的政策。

另一方面,同德意志在经济和社会领域采取合作政策,这意味着对于作为个体的德意志人不能实行歧视政策,从而不影响他们的繁荣;更确切地说,德意志人作为个体的经济福利,如同其邻国以及德意志自身的经济福利一样,乃是我们政策的目标所在。很显然,若目光放得较为短浅,则这一点是不可能做得到的,首先要想一想曾遭受德意志伤害的那些国家的救济和重建工作,此种必然性势必要造成德意志生活标准的相对下滑。这个问题相当沉重,因为德意志的伤害政策,其目的和效果就是以巨大规模掠夺欧洲各个国家,使之丧失当前的活力、财富和文化,也使其丧失获得增长的资源。要在可能的范围内对损害进行补偿,那么在考虑补偿方式之时,明智之举乃是在战争刚一结束就强制收回德意志的战争劫掠物以及劳务形式的支付款,而非强制收回情状模糊的长期金融债务。另外一种办法就是用德意志劳工进行战后重建,不过,根据法国在上次战争结束之后的经验,这种做法的问题在于信贷国是否愿意接纳这些劳工。

作为一项长期政策，不歧视原则意味着，在欧洲的任何高度组织化的经济生活领域内（比如，原材料控制、建立共同的欧洲公共设施等等），德意志利益将会在同他们同等的水平线上加以考虑。当然，仅仅是陈述这一原则，甚至并不就意味着开始解决这一原则可能会带来的实际问题了。德意志人长期以来在操控巨大的企业联合体或者垄断体时就已展示出相当水准的技术，同时，他们在欧洲规模的战争组织以及规划方面的经验，也会让德意志处于一个很强固的位置上。那些将福利而非权力作为经济政策之目标，借此来阻止欧洲资源再次臣服于德意志政治目标的国家，因此也就必须具备坚定的决心和相当程度的能力。另一方面，朝向欧洲以及世界经济的更为理性化的组织形态的运动，以及朝向国家经济需求的合作性调整的运动，若这两项运动都遭遇失败，那么不歧视原则也就会丧失其含义，而仅仅是意味着承认各个经济单位都有权充分利用其在一个相互倾轧的世界中的地位。德意志是欧洲最为强大的经济单位，而且已经发展出高度的技巧，得以将他国的经济屈从于自身的经济，因此，在此种情况下，将大部分欧洲国家的经济重新整合进德意志体系的事情就并非不可预期，除非不列颠、美国和俄国采取措施，将弱国从德意志依附者的地位上解脱出来，因为德意志一直就是这些弱国产品的"唯一消费者"。就不列颠来说，这很可能要求其在帝国导向的政策上做出重大变化；就美国而言，这意味着需要削减保护性关税；就俄国而言，这意味着要展开更为广泛的对外贸易。

因此,从各个观点来看,问题本身与其说是同德意志进行合作,倒不如说是同欧洲的那些经济弱国进行合作,以及做出持续的努力来改善这些国家的地位。唯有如此,才能找到恰当的手段开发欧洲经济资源,而这样的手段将会允许充分利用德意志的工业技术,也会让作为个体的德意志人分享后续的繁荣,同时则会让欧洲避免再次沦入遭受德意志经济奴役的境地。除非我们在应对德意志的经济霸权意志之时,能给出属性截然不同的目标体系,但却同样富有活力,否则所谓"合作"就有可能沦落为对德意志霸权事实的默认;若真如此,那么接下来就是逐渐让我们自身的资源臣服于德意志的政治—经济目标。

《大西洋宪章》经济条款背后的思维,就其运用于战时敌人之身而言,不仅仅是表达了对经济惩罚举措的抽象反对,而且也是一种信念,认为贫困将会养育战争。在推动希特勒掌握权力的境况当中,德意志大众的悲惨处境乃是其中一项重大因素,这是很显然的事实,尽管这一事实的反面说法,即一个繁荣的德意志势必也是一个无害的德意志,并未得到证明,如同1914年的情形表明的那样。

德意志确实存在那种动员全部生产资源、商业资源以及金融资源来打一场经济战争的倾向,除此之外,还有三种特殊的因素即便在我们这段暂时的总结性评论中也是应当提及的。首先,德意志繁荣在极高的程度上依托于重工业。开始于1929年的萧条迫使重工业寻求军事订单,借此来动员闲置工厂并吸收失业劳动力;此种境况为意图打造战争机器的军事领导人提供了特别有利的条件。下面将会讨论到重工业的国际化;这里要做的只是要强调一下商业萧条将会影响到此类重工业,这将会让欧洲遭遇特有的危险,同时,也要强调一下将此类重工业大幅度地转化为消费品工业将会带来的好处。其次,德意志一直以来就要求获得在东南欧的垄断地位。若认可这一要求,则既不公正又危险;要减轻这方面的压力,就不仅要为这一地区的国家提供其他的出口市场,比如俄国、意大利以及西欧并在他们的工业化进程中提供资本,而且也要放松德意志的海外贸易关系。德意志同东南欧的重大贸易关系,无论是资本品方面还是其他物品方面,确实是有高度可能性而且也应当是互惠的,只要这种贸易关系得以融入一种规范的多边贸易体系当中,这种多边贸易体系将使得东南欧的弱国在同德意志的经济联系中不会落入屈从者的角色。最后,德意志或者德意志的部分地区会成为共产主义阵营,这并非没有可能,而这将带来一些重大问题,在这些问题领域当中,要将经济目标同社会、政治以及文化背景剥离开来,将是特别困难的。就其经济方面而言,这些问题就要求考察一般性的技术问题(俄国同世界日益增长的贸易前景,以及国家控制型经济体在俄国之外的国家有可能出现或者持续下去,这一切都使得这样的考察有必要进行),这涉及自由经济体和国家控制经济体之间应当怎样建立贸易关系。为了安全考虑，德意志经济必须采取一些管控举措，然而，我们没有理由认为此类管控举措在共产主义经济体中更难执行，而在私人贸易经济体中更容易执行。

《大西洋宪章》让两大目标处于一种相互平衡的态势，一方面是包括德意志在内的所有国家的经济发展，另一方面则是解除侵略国武装，很显然，若对其中的任何一个目标予以绝对追求，两个目标之间就会发生冲突，若将解除武装的逻辑推至极端，就会在实际上摧毁德意志经济生活的工业基础；若不对德意志开发其经济资源的自由施加任何限制，则势必会使其迅速恢复到毫无困难便能够重建其全能军事机器的地位。因此，有必要对德意志经济中有可能转化为战争潜能的部分进行限制。那么，此类限制应当是什么呢？

控制德意志战争潜能

有两个可能的办法来削减战争的工业潜能，这也是人们经常提及的：对机械工业实施控制以及对关键原材料实施配额制。这两种办法的好处首先在于其效能方面，若得到完全执行，其效能是相当可观的；其次则在于这样的事实：这两种方法都不需要对德意志一般性的生产能力造成大规模削减。人们的普遍看法是，德意志机械工业以及大批技术娴熟的机械师乃是德意志战争潜能的本质要素，假如德意志在这方面的资源产生匮乏，那么战争机器的迅速扩张将会变得尤其困难。正因为如此，确保此类控制的方法值得认真研究，完全信托一种控制类型的方法并非审慎之策，因为德意志并非没有可能找到办法进行隐匿并对比必要的装备进行完善，哪怕只是很小的批量。

剥夺德意志的战备原材料，这些原材料同样也是和平生产所需要的，若这样一项政策要取得成功，那也就有必要阻止其他国家的再出口。这倒并非意味着，对德意志在镍以及特殊合金材料等方面的和平需求实施配给制供应不能称其为一种有用的附加防卫举措。但是要是完全依赖此举，则是危险的。

是否可以因此认为唯一的办法就是大幅度限制工业能力本身呢？事实在于，同一家机械厂既可以制造枪炮也可以制造高压锅炉；同一家化学厂既可以制造肥料也可以制造炸药；同一家工厂既可以制造日用手表，也可以制造精密器械，后者在机械化战争的条件下已经越来越重要了。至少就重工业而言，尽管这些工厂无法隐藏，但是这些工厂的真正用途则是可以隐藏起来的。假如必须不惜一切代价地在制造流程的开端就实施控制，那么解除德意志武装的举措则要求对上述生产线进行限制，这将折损德意志和平工业的生产能力，同样也会伤害到以工业能力为基础的德意志繁荣。

因此，一项严格的解除军备的政策将要求第三帝国对工业设施的主要是人为的和赋有政治导向的集中，分散开来。

但是，若对德意志生产能力进行大规模的遏制性破坏，并维持德意志工业随后的无力局面，这既违背了《大西洋宪章》，也会招致巨大的成本。不过，各个控制国应当保留权利，对工厂和实验室进行不断的监察，借此来追踪德意志的工业发展，此乃军备控制的组成部分之一，同时，若在某些场合有所疑虑，就要命令减产，包括对工厂进行拆解。

在军控问题上，德意志经济生活的另一个部门也应当置于严格的考察之下，这就是德意志的交通、运输和能源供应体系。"军事行业已经变成了一种运输工业"①，据说这是一名德意志专家说过的话。在战争的推动下，刺激运输部门的发展已经成为各国的一项主要关怀，不过在德意志，情形历来如此，这完全是因为此项政策的德意志掌控者们认为所谓和平主要是一项战备工作。有效的军事控制乃是要坚持阻止运输体系的改进，只要人们怀疑此类改进有着军事目的的嫌疑。能源供应方面的问题则更为重要，因为只有在重启军备生产的前提下，桀骜不驯的德意志才能让运输系统发挥功用，而能源供应则是军备生产的一项关键性前提条件。正是在交通运输（尤其是民用航空）和能源供应方面，"安全"和"福利"之间的冲突会变得特别尖锐。另一方面，若对德意志代用材料工业或者农业的发展实施干预，则不会产生这样的

---

① H. Rauschning, *The Maker of Destruction*（Eyre and Spottiswoode, 1942），第65页。

问题。限制非经济生产并鼓励从海外进口便宜原材料将会提高个人的生活水准,同时也会削弱德意志的战争潜能。

重工业的"国际化",尤其是在富含煤炭和钢铁储量的西德地区、法国北部和东部地区、卢森堡、比利时以及荷兰采取这样的举措,时常被认为是针对重新军备这一工业问题的可靠解决办法。在就欧洲经济组织问题进行考察时,此类计划显然值得仔细考虑。但是,工业和金融层面上实施此类集中,仅仅这一事实还不足以成为解决安全问题的捷径。如此重组并得以理性化的生产能力将不可避免地受制于某个国家或者某些国家的政治目的,或者受制于某个国际组织的政治目的。战时,乃至战前,德意志已经在此类利益合并方面取得大幅度进展,并将利益合并置于自身的控制之下。假如新的控制机制力量孱弱,那么就会产生诱惑力,将此一原本用来对抗德意志重新军备的体系予以翻转,最终成为德意志重新军备的一项主要工具。因此,问题的关键在于欧洲大陆的能源杠杆,应当置于那些其目的在于福利而非霸权、并且操作娴熟的国家手中。

假如能够阻断德意志军备工业制成品的道路,并将倚靠的重点置于此种举措之上,那么繁荣和安全所造成的困境也将会不那么尖锐了,此类军备制成品包括飞机、坦克、航空器械等。若依据此种办法,控制的任务就会更简易一些,因为在同样的监控体系之下,此类产品的大规模生产是很难进行隐藏的。对产品进行控制,以之作为解除军备的关键性基础，人们也声称此举是不充分的，主要原因在于以下两个考虑：首先，是一个高度工业化的国家将战争潜能转化为实际武装方面的速度；其次，上述举措正是凡尔赛体系采用的方法，已经证明是失败之举。然而，即便我们严重夸大德意志重新军备的速度，认为当纳粹在1933年初上台之时，德意志的重新军备在卑微中刚刚起步，而到1936年初莱茵兰遭到占领之时，德意志已经为着一场大规模战争的目的而大大推进了重新军备的工作，那么这一过程也花费了三年时间，而且在这三年中最后一个年份，重新军备以及训练方面的工作实际上都是公开进行的。以往所提供的教训并不在于德意志的军备速度过快，使得盟国无法进行及时干预，而在于盟国方面缺乏进行干预的统一意志。随后的章节中会谈到其中的因由。我们在此只是确认，控制制成品这一方法之所以遭到摒弃，并不是出于内在的技术性原因，而是出于政治上的原因；鉴于没有证据能够表明其他方法会更为有效，我们认为控制国在将来还将主要依赖此种方法，当然辅助性的控制方法也并非没有必要。在经济领域如同在军事领域一样，实际采用的举措乃是系于那些得到充分授权并足以胜任的专家之手，唯此方能保证这些举措获得执行，当然政治导向也将发挥限制性框架的作用。

我们的结论是，保证能够阻止德意志重新军备的方法，并不必然要对德意志的和平工业能力进行整体性的干预。工业能力方面的一些特定限制是必需的，比如说，如果将制造或者运行航空器的禁令也扩展到民用航空器的领域的话。然而，一般而言，除非德意志再次踏上军备道路，否则德意志经济将不会感觉到所受到的遏制。任何类型的限制都会遭到德意志的憎恨和反对，这是很自然的事情。对于盟国政治智慧的考验在于，假如已经决定了为达成目的所需要的控制程度，那么剩下的就得看盟国是否有决心维持其政策，即便面对来自德意志以及盟国内部的反对。在两次大战之间时期的后半段，德意志已经积极投身于进行一场战争的位置上，这是公开的秘密。然而，德意志的那些大的贸易伙伴国却是如此心仪于德意志的经济复苏，意图借此来削减失业并提升全世界的繁荣水平，最终却在很大程度上忽视了德意志为达成经济复苏所采取的那些富有威胁性的举措。当时的人们普遍未能面对这样一桩事实：同纳粹体制下的德意志进行合作会带来经济和贸易上的好处，但是这些好处很明显是短命的，并且，如若进行下去，则会毁灭长期前景。由此可见，德意志重整军备这一工程乃是得到了他国的积极协助，这一切都是经由工业、商业、金融以及劳工利益方面的合作进行的，所有这些利益都乐于看到德意志处在其货品购买者的位置上，并为各自的劳工支付薪资，并指望德意志的复苏能够为各自的债务提供清偿前景。此外，同样是这些国家也提供着消极的援助，他们相对自由的经济体制为那些置身一个严密控制之下的经济体中的劳动者提供了经济利益。为了避免此种形势重演，就有必要就安全方面的政治利益有所主张，在必要的时候就以此主张来对抗所有的反对之音。

六、武装

解除德意志武装：一个意志问题而非技术问题

为了达成使德意志"无力威胁我们的安全"这一目标，有种种举措可以采纳，这些举措的硬核心就在于施行严格军事意义上的解除武装。在这样一个领域当中，强制力必定是能够达成其目标的，只要有决心运用并维持强制力。可以肯定，更为切实的办法就是凭借强制力去阻止德意志大规模地拥有大部分的战争装备，比如坦克、飞机以及航空器械，并由此限制德意志在此类武器领域进行的训练，而不是强行地将德意志政治和工业上的软弱予以永久化，抑或是为德意志创造一种平和的心灵习惯。有些境况能够对德意志的政治、经济或者文化生活施加影响，降低其威胁程度，然而，强制力也确实只能在有限的程度上为此类境况提供保障；成功与否则主要取决于德意志自身在何种程度上愿意接纳此类境况。然而，单方面解除武装则要求坦率使用强制力。这一政策无论如何都将遭遇职业军事阶层的强力反对，如今，这一阶层所容纳的社会范围已经远远超越了威廉皇帝时代经由精心的社会性挑选机制而打造的那个军事种姓阶层，同时，反对的力量也会来自那些将个人野心同德意志军事霸权紧密联结在一起的人。毫无疑问，德意志人民作为一个整体的态度主要受制于如下问题：他们是否觉得上述境况对于军事部门之外的德意志生活的影响，是可以忍受的。谨慎的做法是作这样的设定：会存在一种广泛的抗拒情绪，军事举措方面的任何放松也都不足以安抚这种情绪。就像在上次战争之后那样，这种憎恨情绪的终极原因倒不在于具体举措的严厉程度，而在于德意志战败这个事实。

一直以来的看法认为，上次战后对德意志实施解除武装之举，实际上等于是迫使德意志领袖去思考新的战争方式，反而赋予了德意志巨大的军事优势。由此，暗示性的推论也就认为，应当给此次战败的德意志留有武装方面的充分自由。但是，说到底，德意志上次所获得的巨大军事优势，其价值导源于这样一个事实：盟国不仅在军事技术方面落后，而且也未能在实际军力方面主张明显的优越地位，实际上出于军事上的保守主义，盟国长期以来是具备这种优势地位的。《凡尔赛条约》否决了德意志制造、集结并使用坦克、重炮、潜艇以及航空器的资格，如果条约的此类条款得到执行，即便德意志做出最为完备的知识和技术上的铺垫工作，最终也将无功而返。

德意志首先通过自我解除武装，然后通过解除他国的武装，必然已经掌握了逃避监督和控制的技术，尽管如此，那种靠着隐藏而得到实施的逃避办法若超过一定限度就将无法再实施下去,因为攻击力量要求大规模地生产武器,这都是很容易发现的,同时也要求进行大规模的训练工作。当然,很多工作都可以通过隐匿性地大规模生产武器组件而进行下去,这些单独的组件可以迅速组装成实际的武器。但是军事训练仍然是个问题,因为训练要求大范围和长时段的运动,而这则是很容易探查到的。即便可以在国外的德意志群体中进行这种训练,但是这也不足以压缩德意志在自身领土上创建一支庞大军团并使之准备好行动所需要的时间。

假如盟国能够较之上次表现出更大的决心去解除德意志武装,那么德意志鹰派就必须寻找到一种战争方法,可以不需要大批量容易被发现的武器,至少在战争初期阶段做到这一点。以往的经验并没有提供多少足以证明这种战争方法的证据,相反,正是因为盟国控制军备的意志发生了坍塌,才使得德意志没有必要寻找替代战法。初期阶段确实需要进行藏匿工作,为此需要做的就是为一支大军团的大规模训练和装备可以公开进行的那天的到来,作好骨干、军种和器械方面的准备工作。1927年,驻守德意志的最后一个控制委员会①

---

① 在德意志共驻扎了三个控制委员会:空军委员会,于1922年2月撤离,使得德意志未来民用航空的整个问题悬而未决;海军委员会,于1923年初减员至三人,并于1924年9月撤离;陆军委员会,1927年1月31日撤离。不过,自法国于1923年1月占领鲁尔后,就不存在任何积极的控制行动了,剩下的只是1924年最后三个月里由陆军委员会实施的一次所谓"例行检查"。即便这样的检查也只是走走过场而已;范围有限,实际上没有进行突击式检查,而这却是能否成功的关键所在。

撤离了;1931年9月中国遭遇新的入侵,这使得德意志一直以来最为害怕的情形化为乌有,此即所谓的集体抵抗,德意志由此可以采取最后的步骤而用不着过于担心被发现。因此,在所有的关键环节上,德意志都可以借助上次战争中的武器进行备战。据一位目击者所说①,希特勒对于细菌战之可能性的兴趣也为战争的走向提供了一个线索,一个新的战争部门正沿着这个方向起航了。

然而,适时的政治行动将会开启巨大的可能性空间,与之相比,德意志用以逃避监控的技术手段问题只是很小的事情。德意志鹰派的显见野心就是要在各个国家获取同盟力量,并取得对至少一个世界上最富产能的区域的实际控制权。同样的,对盟国来说,问题的根本乃是政治性的。要确保成功地执行解除武装的政策,就要求在一般性政策方面达成高度一致,至少要求大国间的高度一致。应当强调的是,这样一项政策所表达的不是对德意志威胁的那种恐惧性的关注,而应当是表达一种持久的意志,那些实施这项政策的国家要凭借这种意志去求得生存和力量。

解除德意志武装所涉及的技术方面的军事问题,诸如工业和其他领域的支持性措施,这些应当是交付专家来考虑的问题;可以肯定,只要存在实施这一政策的意志,那么就没有理由怀疑解除武装在技术上是可能的,而且要予以规避也并

---

① H. Rauschning, *Hilter Speaks*(Butterworth,1939),第14页。

非易事。有诸多因素会削弱这方面的意志,其中很自然地包括不愿意承担因强制执行此项政策而引发的任何成本;而且,很多国家也都在向往着同强制政策相反的其他政策目标,随着新的入侵危险削弱下去,这些政策目标的吸引力将会随之呈比例增加;此外,在监控国中间也并不存在利益上的均等。最后这项因素特别重要。当战争记忆尚处新鲜阶段,而德意志也因战败而呈现弱势,这些监控国就不会给出强有力的行动,不过,一旦德意志也许是在没有被觉察到的情况下重新获取力量,那么这些监控国的行动力度也就会逐渐加大,后面这种情形恰恰就是监控举措要予以应对的。

以往举措的挫败

无论我们如何信服历史不可能重演这样的说法,也都不能忽视近来在解除德意志军备这一问题上遭遇的教训。上次战争和这次一样,人们铸造了一个巨大的同盟以便挫败德意志。在德意志战败之时,同盟中的主要大国都毫无困难地赞同要单方面解除德意志军备,使之降到一个很低的水平上,这一政策应当执行并维系下去,直到就裁军问题达成一项普遍协议。俄国则是一个重大例外。尽管在战争的绝大部分时期,俄国都是主要交战国之一,但俄国既不愿意、也没人愿意俄国承担起裁军方案保证人的角色,而且不管怎么说,俄国都没有进入过时间表当中。确实,来自往日盟友的危险要比来自德意志的危险大得多，而且苏德于1922年签订的条约实际上帮助了德意志鹰派克服《凡尔赛条约》的裁军条款。但是不列颠、法国、意大利和美国都赞同裁军政策，并且（除了意大利）也都分担了军事占领德意志所引发的初期成本，军事占领德意志实际上是作为对《凡尔赛条约》裁军条款的执行保障举措而出现的。

在主要盟国中，只有法国将持续解除德意志武装视为最高的政策目标。确实，法国并没有获得他所希望的全部支持去支撑解除武装的政策，克莱蒙梭一度牺牲了诸如在莱茵河边界的要求，以便顺应维持一个盟国共同战线的必然性，这正是他的军事顾问官的强烈建议。尽管有着《凡尔赛条约》的条款限制，但德意志依然在变得强大，为了针对此种局面获得再保障，克莱蒙梭获得了英美的联合保证。然而，这一保证已经失效，《国联条约》提供的再保障对法国来说已经意义不大了，此种情况之下，法国能做的（同德意志邻国建立同盟关系，但这些邻国都不是大国）就只能是坚持严格履行《条约》的军事条款。凡尔赛体系的第一项大漏洞就是美国方面拒绝批准条约，而是同德意志签了单独条约，在保留《凡尔赛条约》赋予他国的诸多权利的同时，却拒绝承担公共义务。美国占领军的撤离工作在1923年完成，这很清楚地表明，若盟国使用强力保证德意志的服从，就不能指望美国会做出相应的平行举动。意大利和不列颠对于执行《凡尔赛条约》中的军事条款兴趣有限，这一点很快就显现出来，差不多和美国方面的情况同时出现。无疑,个中的首要原因在于,这两个大国都已经保证摧毁了那些在他们各自看来是对自身构成直接威胁的因素,分别是奥匈帝国和德意志海军。不过,也没有哪个主要的欧洲盟国表示出会原谅德意志重整军备的工作,直到德意志于1933年10月脱离裁军会议,并开启大规模重整军备的进程。随后,意大利开始对德意志力量的增长采取一种日益睁一只眼闭一只眼的态度,最终接纳并推动了这一德意志进程。不列颠,尽管意识到德意志重整军备势必对自己造成威胁,但是在考虑到自身总军力的时候则大大低估了此种威胁的可能性,不列颠似乎是觉得只要德意志海军无法同自身相匹敌,那么能够对自身造成的威胁就不会那么严重。因此,不列颠在官方政策中同法国保持一致,但在实际中则拖拖拉拉。

在德意志仍处于理论上解除武装的时期,鹰派活跃在幕后,当希特勒登上权位之时,大规模重整军备的普遍工作已经获得了稳固的推进。① 不过,截至1933年,那些易于被发

---

① 沃尔姆赛德勒(Wurmsiedler)少校在1941年5月26日的《德意志信使》的访谈中谈道:"《凡尔赛条约》规定要将上次战争中的德意志武装全部剪除,并差不多完全摧毁德意志的武装工业。但是敌人忘记了在这样一件事情上向德意志发布禁令,那就是重整军备问题上的精神主张以及精神准备。德意志的防卫意志是他们无法加以奴役的,因此,在战败的早期阶段,重整军备的基础工作就已经奠立了,尽管有各种控制委员会和监督举措。他国的军事发展都在德意志得到了仔细研究,训练出一批军官,遵循上次世界大战的经验,开启了新的军事研究、建设和测试活动。德意志国家自身能够提供的帮助极少,陆军军械部不得不靠自身的主动性和责任感来执行大多数的举措。因此,1933年元首上台之时,就发现进一步扩张军力的基础已经奠定了。"

现的重武器的大规模生产尚未启动。不列颠和法国仍然拥有可观的安全砝码；不过这一巨大的安全盈余将在五六年的时间内转化为巨大的安全亏空。

可以很顺当地将德意志解除军备的工作分为两个时期，每个时期都约合七年左右的时间，分界线就是接纳德意志进入国联。在前一阶段，盟国的德意志军备控制委员会依据《凡尔赛条约》的相关条款，在德意志多少还是做了些工作。在后一阶段初期，所有这些委员会都最终撤离①，国联会议则依据条约保有借助多数票进行调查的权利。

接纳新成员进入国联的条件要求该国"应当接受国联在陆军、海军和空军军力和装备问题上的规定条款"。就德意志的情况来说，国联大会则仅仅是指出，德意志的军备在《凡尔赛条约》的相关条款中已有所规定。同盟各国都赞同这个看法，尽管大家也都知道，军事专家们根本不会赞同《凡尔赛条约》的裁军条款得到了有效的执行。即便人们承认实际得到执行的裁军举措已经足以证明盟国出于实际考虑所持的赞同意见（当然，这其中也有强烈的政治动机在内），但那些知晓真实情形的人们则很清楚，在军事集团和其他统治集团中，道德裁军的情况几乎是不存在的。然而，人们仍抱有希望，认为在平等基础上建立同他国的协作关系（军备除外），会使德意志心灵趋于和平，尤其是人们预期在接下来的数年

---

① 参见，英文原书第51页脚注，本书注37。

内,将会完成一场普遍裁军,而解除德意志武装则是这场普遍裁军的序曲。

从这次经历中得出的教训足以重写两次大战期间的大部分历史,不过我们只是点出一些关键问题。很显然,在伪装信任的政策之下,维持单方面裁军政策,此举无论在德意志眼中,还是在那些并未直接遭受德意志入侵之害的国家眼中,都是不正常的,而德意志负责任的政治领袖人物就是在此种伪装信任的境况下,同盟国领导人进行频繁而真诚的会晤的。确实,国联还有其他成员国,诸如奥地利、匈牙利和保加利亚等,他们的军备也遭遇了《条约》限制,但是就他们的处境而论,权利方面的不平等并不会对裁军议程产生什么大的影响。德意志是国联理事会的永久成员国,也就是说,德意志是国联理事会的长官之一。因此就不难看出来,德意志必然会看重其在日内瓦的这个地位,将其视为一种施压手段,目的是消除"歧视"并达成"平等"。我们倒不希望在此提出这样一个重大问题:是否德意志在未来的任何政治组织中的成员身份都应当滞后,直到组织的其他成员国已经准备好了清除掉针对德意志的特别防御措施;或者,是否不应当再考虑组建什么政治协作组织,因为在单方面解除武装的条件下,组建此类组织的想法都将招致尴尬。然而,经验确实表明,德意志裁军问题或者融入类似《大西洋宪章》所构思的那种普遍体系的问题,其根本点的任何讨论都应当以实际的安全为基础,这个问题上不能有水分;最重要的是,德意志之进入一个政治组织或者持续成为一个组织的成员国，此举不应当以默许德意志重整军备为前提。

无论实际的行动手段何等不堪，前面提及的那种管控委员会都应当存在下去，这可以在某种程度上遏制德意志境内的秘密军备活动，尽管此举并不能影响到德意志在他国的武器制造。国联理事会当然有权要求进行调查，但是仅仅拥有这种权力并不能达成同样的效果。若依据国联理事会的体制，就总得有某个政府要承担起汇报违反条约之举的重任。当德意志还是国联的一个活跃分子之时，这样的事情仅仅在匈牙利这个小国身上发生过一次，即便如此也没有进行实际的调查。盟国肯定已经通过自身的军事附属人员和其他消息渠道获悉了德意志备战工作的许多事实，但是并不存在一种自动的程序，让此类事实引发官方关注，更不足以据此采取行动。假如国联最为消极的委员会，陆海空军力问题常设委员会，接受命令负责向理事会汇报此类事情的话，那么情况也许会大不相同。因此，尽管洛迦诺—国联政策动员起种种力量，力图缩短针对德意志军备的区别对待政策的期限，但是这项政策同维持严格的技术控制并不冲突，只要还在期限之内，而管控委员会的取消则削弱了管控本身的技术效能。

盟国拥有另外一项强有力的武器，那就是占领部分德意志领土。让盟国从这些领土上撤离，此乃德意志在其国联成员国身份初期的主要目标，德意志在这个问题上取得了很大成功，最后一支盟国占领军较之条约规定提前了五年完成撤离。人们预期通过这样的让步,将能够把德意志完全争取到合作政策这一边,这实际上是一种情感上的错误;很显然,德意志人认为此种撤离行动不过是在非常有限的范围内尝试恢复德意志无可置疑的权利而已,无论如何这都不是一种恩惠。由此可得出两项教训:首先,占领德意志领土的时间长度应当置于盟国自由裁断权的范围之内,不应当成为同德意志达成的任何协定的题中之意;其次,单方面解除武装的保证不应当遭到片断式的削弱,相反,这一保证应当坚持到清除所有区别对待德意志举措的那天到来,这也就是说,要坚持到"普遍安全体系"启动之日。

即便军事占领以及管控委员会的调查等方面所提供的保证已经遭到抛弃,只要德意志还没有跨越公开制造违禁武器这条卢比孔河,就仍有希望通过普遍协定的方式,让解除德意志军备问题维系在《凡尔赛条约》的水平上,或者是接近这个水平。一旦所有的协定希望都破灭了,而德意志也明白无误地在重造战争机器的道路上前进,关键性的考验也就到来了。到了这一步,就必须要么进行预防性的战争,要么就选择默认,若选择后者,则意味着以往的所有预防举措都归于无效且花费昂贵。这种形势在1933年10月到1936年3月间达成了,1933年10月的时候,德意志拒绝加入合作体制的意图已经非常明显了(如果说德意志退出裁军大会之举是纯粹出于策略,那么它退出国联的举动就不能这么看了),而在1936年3月的时候,盟国则错过了最后的机会,在此之前,动用武力从很多方面来看都是优先之选，同时也是一种更好的战略立场。

在表面上接受一项共同的对德政策的背后，潜藏的则是各国利益上的原始不均等，然而，到了这个时候，这种不平等已经发展成为各种目的相互交错的暴烈冲突。日本早在1931年9月就已经发动了一系列的军事入侵行动，这些行动导致了当前的这场大战。意大利则用一年时间就消化完毕了德意志的抗拒态势和其他大国的消极态势所提供的课程，然而就在1935年之初揭开了埃塞俄比亚戏剧的大幕。不列颠方面在整个这段时期内都没有认真考虑过对德意志实施强制性干预；据信，法国对于裁军大会之失败的贡献并不亚于德意志，希特勒则在掌权之后很长一段时间内都祭出这样的希望：不管怎么说，裁军问题还是有可能得到挽救的。法国则依然处在1919年的位置上，胸怀阻止德意志军事复兴这一无可妥协的目标。1935年3月，德意志以官方并公开的方式拒绝了《凡尔赛条约》的裁军条款，而此时意大利也公开了其侵略意图，这就为希特勒提供了外交上的空间。接下来的一个月，国联收到了法国的抗议，抗议德意志侵犯了《凡尔赛条约》的军事条款，不过即便法国方面也没有提出建议采取威慑行动。6月，不列颠签署了英德海军协定。两次战争期间英法之间所发生的那些争议并未触动就《凡尔赛条约》裁军条款所达成的共同阵线，但英德海军协定打碎了这一切。两国公众对此事的评估存在巨大差异，法国公众表示出过度的不快，并在此事中为自身并不能得到赞同的埃塞俄比亚政策找到借口，不列颠则非常清楚地意识到有重要的事情发生了，这种差异本身就表明了两国乃是从各自不同的角度来赋予《凡尔赛条约》以意义的。从德意志方面来看，局面是完全能够令人满意的。早在二十一个月之前，德意志就已经正确地计算出，在当时的大国氛围中，若脱离国联将会削弱而不是（像那些头脑简单的人预期的那样）加强受威胁国家的集体抵抗意志。如今，德意志则成功地挪开了由裁军条款构筑的英法共同战线，它首先宣布了免责条件下无限制的陆军重新军备，其次则是通过在海上的自我限制行动安抚海军力量。

反思法国经验

有诸多原因共同促成了《凡尔赛条约》在解除德意志武装问题上遭到的挫败，我们不难发现，其中的原因之一就是管控国在利益方面的不均等，这一点的重要性乃是同如下情况成比例的：对德意志解除武装最具利益关联的大国必须得顾虑到其他大国的观点。因此，仔细考察一下法国的以往立场将会是非常有帮助的，这不是为了进行批评，也不是要人们忘记环境已经发生变化，同时也没有这样的想法，仿佛对法国方面的误解较之对美国或者俄国方面的误解，其分量要来得更为重大一样；但是，鉴于法国是主要盟国当中唯一其政策目标全然在于保持德意志军事弱势地位的国家，不列颠相应地钟情于另一种对德政策，其间的论证和情感可谓多种多样，都为德意志宣传机器所充分利用，比如，对德意志意图的轻松看法、对德意志人民的现实苦难示以人道主义的憎恶情感，并认为这些苦难在很大程度上是强制政策所造成的后果、不愿意为执行强制政策提供资金和人力上的支持、希望看到英国产品消费国的繁荣，希望借此来削减失业以及一种长期以来的安全传统。但在法国人民的意识当中，这一切因素都不会发挥强有力的影响，但是法国不得不顾及这样一个盟国的偏爱，法国的行动势必会对这个盟国产生影响。法国尝试遵循两条主要行动路线，一是不惜任何代价阻止德意志军备行动，其二则是保持谅解局面。一旦这两条路线发生碰撞，法国将会更尊重后一路线，尽管越来越不情愿，但仍然维系到了 1940 年的 6 月份，在这个月，当任的法国政府抛弃了谅解路线，而时局方面的情形则是法国无力将自己的意志强加于德意志，而不是相反。

在某种程度上，是法国自己加深了前盟国成员在德意志解除军备问题上的利益分化感。从根本上讲，法国认定德意志繁荣和自身的安全是无法兼容的；但是在寻求从经济上削弱德意志之时，法国也戳到了不列颠和美国的痛处。它们都希望恢复同德意志的贸易，并得出结论认为，不仅强制性的战争补偿支付，甚至长期债务的大规模存在本身，都已经构成了商业稳定和繁荣的一项重大障碍。① 作为首要贷款方的

---

① 1925 年往后，美国向德意志提供的借款暂时性地避开了战争赔偿的转移支付问题，不过这实际上意味着是美国的投资公众在为德意志支付赔款。

法国当然不会情愿放弃战争赔偿方面的要求,这是可以理解的。同时,法国对战后的德意志救济举措表现出冷淡态度,这侵犯了盎格鲁—撒克逊式的人道主义情感,这种情感是拥有强大力量的,同样真实的是,德意志是具有潜在危险的国家,因此此种人道主义情感的强大力量较之南斯拉夫或者波兰这样的盟国更容易获得激发,后者的救济需求更大。最后,法国一方面要求所有国家都应当认识到法国遭受德意志入侵的潜在危险,但法国舆论在很大程度上却对德意志之外的国家对法国之外的国家进行的侵略保持冷漠,甚至会对已经成为现实的此类侵略行为表示谅解。当然,法国针对其批评者也感到并表达了相应的委屈,不过这些并非此处要讨论的问题。我们要做的不在于决定谁是对的,而是要尝试理解法国的特殊境地,因为所有人都同意法国是最容易遭受德意志入侵的。

人们也许会问,假如法国将其政策同西方诸强完全协同起来(尽其所能),由此成为西方诸强和德意志之间的缓冲国,将自身完全交付命运的裁决,那么法国是否有可能借此而诱使西方诸强坚持将解除德意志军备的工作进行下去,并在必要时候诉诸强制呢?就美国的情形而言,很显然无法达成这样的效果。不列颠的情形也差不多,它肯定不会鲁莽地给出正面的肯定回答;但是,如果法国能够赋予"安全"这个词并非那么强烈的纯法国含义,并且也不那么强烈地期望不列颠认可它的所有德意志诉求,那么法国也就有可能不会让

"安全"这个词在英国人听来如此心生厌倦。在寻求安全的过程中，法国在充分备战的同时，也许就可以找到另一种解决办法，那就是完全以不列颠为依托。法国也许可以在一段时期内协同波兰和小协约国一起执行一项带有警惕性质的对德压迫政策，由此而不那么会受商业和情感方面的反向潮流的干扰，毕竟在此种情况下，法国的政策也不那么需要同盎格鲁—撒克逊政策取得协同。无须将这一观念追寻得太远就可以意识到，即便依据最有利的假设，也就是说，对欧洲其他国家的政策能够同对德政策形成抵冲，只要对欧洲其他国家的政策足够宽怀，不仅能够使波兰、比利时和小协约国，甚至还能使意大利都保持在共同阵线上，同时还能借助一种工业上的领导权而在某种程度上有效地抵偿德意志市场的萎缩，最终的净结果也只能是在西方强国和德意志之间达成一种高度的同情和理解。

无论法国获得持久恢复的手段和条件如何，那种能够指望法国发挥突击作用来拖住敌军，而让不列颠在海军掩护下完成动员的政治和技术环境都已经一去不复返了。这场战争之后，不列颠的位置颇类似于法国的往日位置，也就是说，不列颠能很可能要全部或者部分地吸收德意志在西线发动的第一波冲击。同样性质的力量会将美国推到更接近危险的舞台之上。正是出于这些考虑，那些以往自认为可以保持关键性的超然立场的人们，倒真的需要好好思考一下法国的焦虑了。

武器和《大西洋宪章》

《大西洋宪章》的诸多原则由美国总统和不列颠首相予以宣布,并获得苏联认可。人们也许可以就此指望《宪章》中的解除德意志军备条款,一旦明确制定相关条款的时间到来,都将会获得三巨头的赞同,并且将会获取三巨头的持久执行力;我们暂且说到这为止。然而,不忘记上次战争的经验也许是明智的,应当防范同样性质的危险,比如被动观望事件进展,在历次关键时刻表现出同样的迁延性的乐观情绪,比如1933年10月、1935年3月发生的那样,而且此种情绪也不仅止于我们。在这次战争中,不列颠很可能是准备了行动,但是其他国家则意在推延。在盟国"利益不均等"的掩护下,德意志再次成功出击、重整军备的前景,也许不值一提了,除非我们能够在合理限度内以最坏情况看待事情,同时也能够在合理限度内以最好情况看待事情。但是,假如极端情形再次出现,不列颠就必须准备好去面对,并且必须在自身仍然强于德意志的时间内,做出清楚决断,要么在必要情况下独力执行解除德意志军备政策并进行到底(这也就是所谓的预防性战争),要么就更弦易辙。

不妨前瞻一下强制政策所能达成的目标,我们就有理由得出结论:阻止德意志重整军备,实际上也是不列颠应当予以无条件坚持的唯一威慑举措。这倒并不是说,我们的外交已经清除了在其他领域运用威慑措施的可能性；不过对于如下事实将会带来的后果，我们也必须予以接受：就在可以容忍的限度内执行所有的威慑措施而言，我们乃依托于盟国的合作。在解除军备问题上，我们应当坚持，尤其是考虑到已经就这个问题给出了共同宣言，但是在所有其他事务领域，若涉及威慑举措的使用，我们当然应当期待我们的看法获得充分重视，不过同时我们也应当致力于在大国和小国之间铸造起一种确实得到赞同且能够经受时间考验的解决方案。我们应当小心避免我们的提议仅仅是得到认可这样的事实和表象，同时则不应当容许次要目标对主要目标形成干扰，无论这样的次要目标何等重要。尤其是应当注意到这样一种危险的存在：若威慑范围过于广泛，同时在其他领域中的威慑工作准备得过于精细，都反而有可能无法达成目标，并且会顿挫我们保持德意志军事无力位置的意志锋芒，这一点至关重要。

我们现在来探讨一下这个领域中的"合作"观念的意义何在，以及需要怎样的条件。有一项假设本不需要提及，但是我们必须考察近年来浮现的所有观点潮流。不仅要采取对德合作政策，而且这一政策是具有优先地位的，合作不仅止于军事领域，也包括其他事务，这种观念在和平时期的不列颠并非完全没人支持，无论这种支持是出于"若合作我们就能统领世界"这一古老诉求形式，还是出于武装反抗布尔什维克这一诉求。在19世纪的最后那段时光里，英德同盟的提议在荷尔斯泰因问题上遭遇重大挫折；但是，应当不遗余力地培植不列颠对德意志扩张主义目标的纵容，这种观念在德意志非常有影响力，《我的奋斗》本身也强有力地表达了这一想法。① 此类政策将不可避免地熔铸到德意志的霸权政策模式中去。仿佛在这两个赋有特权地位的伙伴当中，不列颠即便已经臣服于德意志观念，那么他将很快也在其他领域中成为德意志的附庸。历史给出的稳靠推论就是：德意志鹰派将会大力宣传这种密切谅解或者划分利益领域的观念，若重新竞争世界权力的时机到来，德意志希望借此保证不列颠的"维希化"（Vichyfication）。有假设认为对德意志军国主义的胜利既是智识上的胜利，也是心理上的胜利，若据此假设，那么德意志鹰派的图谋将会遭受沉重挫败。不过，鹰派也有一些优势是可以倚重的；其中之一就是看重自己的前敌人并看轻自己的前盟友这样一种思维倾向，此乃一种斗争辩证法，而且这一点并非不重要。

在尝试分化不列颠舆论的同时，德意志鹰派毫无疑问也会付出同等的努力，去赢得美国的情感并尝试在战争中将不列颠及其协同国同美国疏离开。一旦纳粹遭到摧毁，很大一部分美国舆论将会对不列颠以及其他欧洲国家的举动产生警惕，这部分舆论不希望看到不列颠或者其他欧洲国家对德意

---

① Adolf Hilter, *Mein Kampf*（James Murphy 英译）（Hurst and Blackett, 1939）, p. 541.

志过分严厉或者过分坚持各自的权利和利益。往日的经验告诉我们，无论是在美国，还是在不列颠，此种情感，当然有时候是受到那种真正的公正理想的激发，但也完全有可能是一笔糊涂账且出于情感冲动。一场宣传图谋就能够很容易对其发挥影响，首先助德意志取消其所负义务；其次则让所有那些反对德意志进一步目标的举动显得自私且荒谬，演变成为对"未来趋势"的顽固抗拒之举。

另外还存在一种邻居意义上的合作，这对德意志和对其他国家都是一样的。此种情况中，合作意味着将关系建基于自由协定之上的意愿，在军事领域，此类协定的必要条件就在于清除掉依据强制力而强加于德意志头顶的特别举措。一项此种性质的协定，若其条件获得满足或者其条件已经获得满足，则不难想见，协定本身会采取以下三种形式：(1) 承认德意志不受约束地发展其军事力量之平等权利的协定；(2) 就国家军备达成一种普遍性的限制体系；(3) 就各国军备进行国际融合的协定。

为了达成最终目标，《大西洋宪章》诉求"建立一种宽泛且恒久的普遍安全体系"，"否则"，侵略国将继续保持解除军备状态。并没有关于这项工作的时限，就如同《凡尔赛条约》也没有为"启动一种普遍性的军备限制体系"规定时限一样，这就没办法让德意志遵守陆海空条约的军事条款的义务"变得可能"。可以想见，应当尽可能地就此一"宽泛且恒久的体系"之建立同德意志达成协定，原因在于，若排除协定的可能性，那么预先确认德意志军备限制乃是暂时性的，此乃不明智之举。有人对《凡尔赛条约》和《大西洋宪章》提出批评，认为单方面裁军不会是恒久之事，此类看法让人觉得两份文件的创建者们是愚蠢的，这种愚蠢本是可以避免的。然而，盟国战时宣言的逻辑以及国家间关系之民主观念的逻辑，双双都禁止人们给出假设，认为区别对待政策一定得是可以持久的，而且，正是盟国战时宣言的逻辑在上次战争中表明了乃是一种促成敌人内部瓦解的强大力量。这种态度确实未能将实际问题简化。一方面，那些在一两代人时间内就得以清除的区别对待举措，在那些承受此类举措的人们看来，就是恒久的；另一方面，欧洲的安全必须居于情感问题之上。

一项协定的"恒久的普遍安全体系"，无疑将包含对军备的国际督察和控制，也唯有建立这样一种体系，才能终止单方面的举措。可以肯定，若一项体系为所有到场者都打开自由军备竞赛的局面，则很难被称之为"普遍安全体系"。如果这就是目的所在，那么差不多就可以肯定，所有的单方面裁军举措最终都不过是成为一场障碍赛，借此来更好地训练侵略者。欧洲的未来能否依托于合作和互信，而非依托于某个或某些国家的强制性臣服，这个问题首先取决于工业和军事强国的态度。然而，有一点也是很重要的，那些自身并不那么强大的国家，应当借助同大国的协定来建立起一种防御地位，让这种防御地位不至于软弱到几乎是诱使德意志进行征服的地步，不妨将这一点优先作为普遍安全体系的组成部分。

确实,德意志邻国的处境并非完全的无助,此种境况也就是德意志人所说的"包围"的含义所在。凭借力量而非弱点而对德意志形成"包围",这也许真的能够将一种新的和充满希望的特征注入当前令人沮丧的熟悉局面当中,这就是说,德意志将会把合作体制视为对自身的保护而予以珍视。尽管在两次大战期间,德意志鹰派借助鲁尔事件而得以拨弄人们心中那种真实的返祖恐惧,不过人们也都清楚地意识到,盟国中的小国处境孱弱,盟国中的大国则在告解性劝慰的阶梯上蹒跚,这些国家没有任何危险。事情已经再清楚不过地显示出,真正的威胁并非盟国的武装优越性,而是德意志自身的图谋。一种充分合作的体制要求立即且充分地履行互助义务。德意志鹰派当然有能力玩弄邻国而激起麻烦,由此获取重整军备的借口。要避免这种结果,各个大国就必须准备好强制解除德意志军备,以确保非武装领土的防卫工作,随着解除军备工作越来越趋近于否决任何武装的地步,此种责任也会呈比例增强。①

但是,能不能这样说,唯一可行的"普遍安全体系"就是那种让欧洲全部国家都自有其独立的军事建制,当然也都处

---

① 斯大林和《大西洋宪章》其他签署国一样接受了宪章的原则,不过他显然并不希望将解除德意志武装的工作推进到极端。"我们的目标不是要摧毁德意志的全部武装力量,因为任何人只要有点头脑就会明白,此举在德意志是不可能的,正如同在我们俄国也是不可能的一样。如果战胜国一方要这么做,这肯定是失去理智了。但摧毁希特勒的军队则既是可行的,也是必需的。"(斯大林:《苏维埃革命二十五周年纪念前夜的讲话》,引自 The Times,1942 年 11 月 7 日。)

于监控之下呢？军力融合的想法也许有其力量，毕竟无限期地保持对某些国家的军力的压制态势，同时又扶助另外一些国家发展军力，这种做法是有难度的。此种混合进程若得以施行，那么在起步阶段将会是有所偏重的，比如先着重空中力量和民用航空以及海军和重型武器，并且只是运用于那些彼此之间存在互信的大国身上。截止到战争结束之时，已经发生过很多事情都指向了此类可能性。盟国方面已经在军事国际化的道路上进行过一些试验，不过这些试验并不完善，而且在这个领域看轻民族主义情感的力量也是很不明智的。从不列颠的观点来看，重要的是，若军力融合举措得以实施，就应当覆盖足够宽广的范围。假如只是局限于欧洲，那么德意志军国主义者及其同情者在其中攫取支配权能的风险就会是实实在在的。如同重工业国际化方面所显示的那样，政治导向就其本性而言将发挥决定性的作用。假如这就是军事组织上的趋势，那么世界将会望向不列颠，希望不列颠运用其影响力，最终让军事力量服务于文明事业，而不是相反；世界也将会期待不列颠发挥其政治能力以避免19世纪德意志军国主义实验在更大规模上重演，在19世纪的德意志军国主义实验中，德意志获得了更高程度的统一性，这种统一性由自由思想所激发，但却未能予以巩固和组织化，最终失去了控制。

七、观念：合作的前景

变化了的德意志心态：问题概要

胜利之后的任何政策若忽略了纳粹在观念上的挑战都将是不完整的，对于这一点，没有人能够否认。然而，问题本身通常是在"德意志再教育"这一说法之下进行探讨的，这一说法本身需要进行分析。

起点是很清楚的。纳粹观念将长久以来存在于德意志的种种倾向推向了一个更高的权能水准，与此同时也深刻扭曲了受其影响的人们的精神和道德视野，尤其是年轻人，其方式威胁到他国的和平。纳粹体制将德意志原有的那些倾向熔铸到一套观念体系当中，此举的意图在于使人们赞同领袖人物做出的任何决定，在这场战争中，此类决定包含了重大的恐怖行为①，比如对犹太这个民族实施逐渐解决、对其他民族实施奴役或者征服并在被占领国实施无情的抢劫。对于强者

---

① 一位资深观察人士写道："研究一下战时的德意志宣传，就不难发现，此类恐怖行为都设法精心地避开了德国人民，德国人民一直得到的消息是，德意志当局在行动之时依凭人性，并严格遵守国际法原则。德意志人民对国家行为的态度冷漠，宣传当局则并不希望过于约束这种态度。"但是，在《为着死亡的教育》(G. Ziemer, *Education for Death*, Constable, 1942)中予以概要性规划的此种教育行动，在经历一个足够长的时期之后，是不是还需要对德国人民进行大量的保密工作呢？

之无限制权利的信仰乃是造成纳粹滥用德意志观念的根源所在，确实，此种信仰在大多数国家都会得到一些人的信奉，德意志侵略行为的结果之一很可能就是传播此种信仰。然而，尽管此种罪恶乃扎根于普遍的人性当中，而非德意志人所独有，但是我们有义务在研究德意志问题时给予密切的关注，因为现代德意志一直以来都毫无疑问地成了欧洲焦点。在德意志，有关力量的教义一直以来都得到了来自哲学的支持，并经由教育而根植人们心中，并且在相当漫长的年代里似乎都得到了结果的证明，在这方面，德意志远远走在欧洲其他国家的前面。

有许多因素是人们并不知晓的。我们并不知道此种特殊的纳粹意识形态究竟得到了多大程度上的沉淀；也许不能说大多数德意志人已经接纳了全部的纳粹教义，即便在纳粹体制尚未遭受挫败之时。我们也不能认为德意志就其需要一种新视野而言，乃是由一种同质性的大众熔铸而成的，尽管在类似我们这份报告所运用的总括性处理方式中，不可能将德意志大众内部的所有必要区分都呈现出来，尽管盛行于前纳粹时代的一些教义今天仍然在流行，这些教义对合作秩序无疑构成了威胁，其致命程度并不次于纳粹教义本身。我们不知道战争的实际经历究竟会在德意志心灵以及我们自己的心灵中沉淀下怎样的东西。我们也无法充分了解被压迫民族在想些什么，对于后纳粹时代的欧洲究竟会是什么样子，我们知之更少。所有这一切都是不确定的，而且我们天性中就喜欢挑别人的刺,尽管如此,我们也不能找借口避开这场已经肆虐了德意志的精神瘟疫所引发的国际问题。也许我们大可以虚张声势地宣称一个民族或者一些民族完全可以致力于"再教育"另一个民族,我们也大可以选择消极逃避之策,这两种选择之间或许会存在某种妥协办法。倘若如此,则我们应当考虑一下,假如会发生变化,那么我们期望在哪些事情上发生变化;何以让这些变化发生;其他民族(如果有的话),尤其是不列颠,将在这场变革中发挥怎样的作用。

我们不能觉得这是项轻松的任务,我们首先就要想到,正是德意志自己提出了众多的伟大要求,要求教育他人,还有哪个民族会较之德意志提出更多的此类要求呢?此外,直到最近,西方世界在德意志面前都扮演着认真听讲的学生角色。德意志的战略、经济、社会乃至其政治等方面的观念已经深深透入其他民族,德意志政策则随之跟进,意图达成一个清晰的目标,那就是就其扩展主义目标可能遭遇的反对实施中立化。要挫败德意志的此种政治企图,我们并不需要清除掉那种从东到西式的德意志教程可能会教给我们的东西。在漫长的斗争过程中,观念上的此类吸收作用是不可避免的,而且这在不列颠的历史上也不是什么新鲜事。不过,仍然有那么一些观点是我们无法从中选择撤退的。

有人强调就德意志教育问题实施转向,这些人内心特别看重的目标就在于德意志个人的国际事务的视野是可以改变的。比如说,假如在学校、军营以及战壕里,德意志人学到的是这样一种观念,自认为是主人民族,其他民族的权利和需要若有悖于主人民族，就不予顾及，在这件事情上不存在所谓的公分母，那么我们感觉和平的基础就依然完全不稳靠。将此类危险观念从心灵当中清除出去，这当然是当务之急，一些人会接纳这一点并认为这么做就已经很充分了。但是，无论如何我们都需要保留一定的灵活空间，这并非易事，因为需要我们继续就此目标给予更确切的定义。在德意志人有关国际事务的个体性视野方面，究竟有哪些新的信仰是需要提供给德意志人的呢？是不是说，德意志民族，根本就不是什么主人种族，而只是一个天生就次于诸如斯拉夫人或者拉丁人这样的周边民族的种族呢？这不过是将德意志种族主义颠倒过来而已。侵略战争"无须代价"，这是否是一个意义更为宽广的教训呢？这确实是一个需要人们领悟的重大教训，但是，其中的真理如何向德意志人传达呢？尤其是考虑到众多德意志人都经过了纳粹教育磨坊的洗礼，对他们来说，其他任何活动都不会"有所收获"，或者说不会有什么意义可言。是不是说侵略战争在道德上是错误的呢？就上次战争之后德意志的"教育"事例而言，德意志的思维是认为侵略战争乃是至高无上的。若据此观点，那么关键任务就是让德意志人切实体会到罪恶之感。此种罪感，外加某种程度上的补偿意愿，确实在一定程度上都存在，而且希特勒最早的一些演讲也都着重此点，将其视为一种特别需要从德意志心灵当中连根拔除的错误，以上这一切也都是事实。

可以肯定，更为重要的是，要相信制造战争本身就是错误的，即便确实需要付出代价，这要比单纯相信战争"无须代价"

更为重要。任何政策,若宽宥了德意志行为的道德罪恶,那就可以肯定是无法有效创建一种更为健康的视野的。然而,是否可以说谴责战争的鲁莽或者邪恶就是正面行动的最可靠支撑呢,这一点颇值得怀疑。或许,我们应当更为切近事情的核心,将如下一种信念确立为德意志人从其经验中最能汲取教益的课程之一,这种信念就是:在国际问题上行动鲁莽的政治领袖人物,在对待自己人民的问题上必定也是鲁莽的。此种政府,依据对主人民族来说强力即是正义的观念而行动,这样的政府势必也会将自己的人民置于警察的监测和追捕之中,由此摧毁司法机器并施行暴政。其他民族则需要从反面汲取其中的教训。此一洞见,假如能够习得,那么是否能够转化为相应的行动,则主要取决于德意志人是否能够抛弃其对于公共生活的宿命态度,尤其是在国际事务方面。

从根本上来说,问题就在于德意志人在相信或者认定这是一个弱肉强食的世界,你要么为刀俎,要么就是鱼肉之时,是否正确,此种信念不仅是纳粹所传授,也是德意志政治思想主流传统普遍予以相信或者认定的。① 假如我们像各个地

---

① "老师将问题引向道德领域,我指出:'这场斗争乃发乎自然。没有斗争,生命就要终止。这就是为什么元首要他的孩子们身体强壮,以便成为侵略者和胜利者,而非受害者。生命和自然只尊重强壮者和强大者。德意志终将强壮。元首将使德意志强壮到可以攻城略地,驭世界而无敌。'"引自 G. Ziemer, *Education for Death*, (Constable, 1942), p.62;"文化意味着,普鲁士人既然着魔于在达尔文主义中得到终极表达的竞争和自然选择观念,同时还受到了惊吓,于是他们便决定,假如人最终必然要加入一场吃人的斗争才能获得生存,那么他们无论如何都要做吃人的那一方! 有鉴于此,他们便毫无懈怠地培育捕猎者的力量和效能。"引自 H. J. Mackinder, *Democratic Ideals and Reality* (Constable, 1919), p.232。

方的许多人那样相信这就是国际关系问题上的真理，那么我们就没有理由谴责德意志在这方面的教育和行动。但是，对于政治思想而言，尤其是对于民主政治思想而言，最为重要的是，国家间关系可以是合作性质的，就其本性而言并非弱肉强食式的，因为人自有其掠食性的一面（这一点很容易看出来），但也是合作性的，这倒不单纯是在理想层面上而言的。使得合作冲动成其为主宰力量的那些条件，若对此加以考察，实际上无异于考察全部的政治学、伦理学和宗教问题。我们无意在一场普遍的形而上学竞赛上挑战德意志人。我们只是要指出，除非合作观念作为国际关系的一种可能且自然的状态能够在德意志心灵中找到寓居之所，并清除有关必然战争、主人和奴隶种族、强者权利以及诸如此类的朽木，否则德意志仍将是一个无法与之共存的国家。尽管大可以方便地接纳此类讨论之时通用的术语的含义，我们也认为有必要就这些术语的含义进行分析；同时也有必要通过一个附录来概括其哲学背景。

所谓"合作精神"，也就是德意志人个体身上的合作性国际事务视野，可以说是对德意志心灵转变所要达成的目标的一个大致上的顺当描述。但是，仅仅是德意志人个体身上的这种合作精神还是不够的，未来的世界正在寻找德意志国家给出合作性的政策举动。即便在民主体制当中，政府政策也不能单纯理解为完全是某个特定时间点上个体公民精神状态的直接表达。假如未来的德意志个体精神状态并不具有如此的"合作性",那么还能相信国家的实际统治者势必也会是同样的精神态势吗?况且,这个政府正在日益完整地掌控权力,在公民当中创造一种特殊的精神状态。但是,个体德意志人的精神态势仍然是一项有意义的因素。一方面,德意志人的精神态势需要重大的转变,才能避免在类似的境况和类似的领袖人物之下采纳那些不久前采取过的政策路线;另一方面,如果普遍的精神态势仍然保持不合作性质,那么一个合作性政府的政策从长远来看势必会遭受挫败。

那么如何达成希望的效果呢?一些人完全怀疑是否能改变任何民族的视野,尤其是德意志民族。在另一极端,有些人则非常信任教育的力量,认为教育能够带来巨大的改变。这种信心以两种截然不同的方式表达出来。德意志人自己在一些占领国就曾实践过一种教育政策,意在强制性地教育被征服民族接受一种信念,认为自己既为环境所迫,也为本性所注定要服从德意志主人。另一方面,尤其是在盎格鲁—撒克逊国家,一些人非常相信视野改变的可能性,由此而完全将未来安全的问题寄托在这上面。在这个问题上,他们肯定是高估了说服的力量,这和德意志高估强制的力量一点都不相上下。

我们并不认为这些极端观点能够站得住脚。事情的关键就在于,一种新的德意志视野,尽管并非不可能之事,但是即便能够持续下去,也只能是一个缓慢的生长过程,并且,尽管外来的行动或者疏忽都有可能推进或者阻碍这一进程,它从本质上讲也只能是一个自发的德意志进程。况且，假如这一切都有可能，也只是靠着经验的运作以及一种新环境的塑造，而不是靠着理论上的训诫。对于一些问题的回答势必会对个体的心灵态势产生一些影响，尤其是在战争刚刚结束的时间段内，毕竟在这段时期德意志人的个体心灵是最容易接受塑造的，对于这些问题的答案都来自事实，这些问题包括：战争制造者们"逃脱惩罚"了吗？其他国家仍然会对德意志以往的统治集团保持偏爱吗？有工作吗？有食物吗？德意志是否是因为受到欺骗才不感到害怕呢？德意志是否永远不会成为胜利者呢？我们随后会探讨一些此类环境因素，毕竟它们同国家和共同体是有关联的，至于它们同个人的关系则不继续探讨了。当然，教育、宣传以及其他能够直接影响到个体心灵状态的手段，也都是重要的。

教 育

在纳粹治下，德意志教育体系可以说是总体性的，因为其目标在于借助恰当的训练和教导来塑造全部的人性。在西方观念当中，个体所获得的价值是绝对的，纳粹的教育体系则反对此种观念，并代之以民族观念的至高无上地位。在教育的价值阶梯上，获取知识远远落在身体适应性和意志力之后。① 客观真理是次要之事,而且也并不总是值得追求。"真理……就是你希望为真之事;虚假则是你希望是虚假之事。"②由此,科学、艺术以及其他形式的文化都应当服从政治观念。宗教信仰,因其着眼于时间进程之外的事物而遭受系统攻击;希特勒登上神位,在年轻人心目中他就是民族崇拜中的弥赛亚。纳粹教育体制的直接教学目的就是培养种族骄傲感和侵略性,以此服务民族和元首。③

这场战争结束之后,德意志国家必定要在相当程度上对塑造舆论的主要手段实施控制,即便不再是绝对的控制。因此,首要问题就在于,在一个战败的德意志,是否要对其主流的影响力因素实施控制,使其能够在一种新的和健康的方向上引导公共事务和教育事务,并且能够克服内部的抗拒力量。对此问题的答案我们只能猜测。时间日益迫近,毫无疑问,会获得大量可靠的信息,涉及德意志国内合作性的心灵元素的力量,民主国家的政策应当对此类合作性要素的任何真正努力都给予支持,以建立自由制度,这一点是很重要的。假如这方面的力量想获得真实的而不仅仅是名义上的政府机

---

① Adolf Hilter, *Mein Kampf*, p.48.
② H. C. Engelbrecht, *Johann Gottlieb Fichte*(New York, 1933), p.48.
③ "在我的奥登斯堡学校里,年轻人将会成长,而世界将会退缩。一个充满了暴烈能量、有着支配欲望、无畏无惧且野蛮的年轻人,这就是我追寻的目标。年轻人就得这样。必须对痛苦示以冷漠。不能有弱点,也不可软弱。我希望能够在年轻人的眼睛里再次看到掠食野兽眼中才会有的那种骄傲和独立的光芒……我将把数千年来的人为驯化连根拔除。" H. C. Rauschning, *Hilter Speaks*(Thorton Butterworth, London, 1939), p.247.

器控制力（这一结果的前提是社会和政治权力方面发生同样巨大的变革），那就需要对公共启蒙的全部特性进行激进的变革，此类公共启蒙乃是通过各种教育和宣传媒介抵达公众的。由此而引发的实践方面的问题则是巨大的。德意志已经存在教师短缺的现象，不过即便如此，那些顽固反对新观念的教师也都需要清除。在上次战争结束之后，许多教师，尤其是中学教师，仍然持守传统教义，这在为纳粹种子准备土壤方面发挥了重要作用。在大学，则必须采取措施，恢复知识在德意志生活中往日所享有的崇高地位；纳粹对于大学生设置的数量限制必须得到克服，那些因其成绩而进入大学的人将获得更好的学习条件；最终重要的是，纳粹所传输的反智潮流必须予以逆转。可能会产生的问题是，原来用以训练纳粹精英的特殊建制，是否应当不计目的地继续使用，如若使用，将在何种条件下使用。必须决定是否还要设计某些组织化的青年运动，若要设计，是否应当是强制性的，以便传输一种新的世界观；或者是选择性的，以便宗教性的或者宗派性的运动、家庭生活或者年轻人的自由都能够获得机会。在广播、媒体以及电影中应当清除戈培尔施加的控制，不过某些控制毫无疑问也是需要的，尤其是在战争刚刚结束的一段时期内。

就此类事务的进展而言，外国的贡献也许主要就在于为有可能推动此事的交流和联系提供便利。无疑，在战败之后的德意志，知识劳工阶层势必急切地希望纳粹时期发生在其他国家的观念运动,这是他们在纳粹时代无从知晓的。在民众当中相应地也会存在一种热情,希望看到纳粹时期遭禁的电影,听到遭禁的消息,并普遍地释放德意志对于外面世界的那种真实的好奇感,这样的好奇感是自我逢迎的民族狂欢也不曾摧毁的。为了抓住转瞬即逝的时机,预先准备好纳粹时期有代表性的遭禁书目的译本是有帮助的,同时也应当提供不受纳粹世界观主宰的新教科书以及有关近些年事件的简明且客观的史书等等。应当避免就外国观念进行直接宣传;只要有可能,德意志人是可以从外国人为外国人写的书中吸纳这些东西的,应当能够立刻得到这些书的译本。此外,我们不应当指望曾经抵抗过纳粹的德意志人士去对我们自己的世界观进行反思,尽管我们希望同这部分人建立联系。比方说,故事一开始都是这么讲的:许多德意志人作为个体是以教会为堡垒而拒绝向纳粹投降的,而且这些人也成为一座久经历练的桥梁以达成同西方的谅解。若情形真的如此,那么德意志的基督教也就较之西方基督教更贴近于基督徒的心灵,因为按照故事的说法,德意志教会拒绝敬拜种族偶像。但是,被抛回类似原始教会的那种心灵和状态当中,这种体验本身就会使德意志教会较之常态更为远离作为西方基督教之特性的那种轻松和乐观的态度。

在此种境况之下,大可以想象一种场景:德意志人请求不列颠和其他国家的科学家、教师以及心理学家就最好的恢复办法集思广益。这些办法将会是什么,这是个技术问题,若仅仅以这些问题为基础，我们将无法形成那些我们已经在前面确立起来的一般性主张。不列颠政策的关键问题在于，如果在德意志国内发动一场朝向合作的激进运动，这是否能有所获益。我们不妨假设，德意志方面希望进行大规模的教师互换，以之作为一种巩固新政策的手段，或者德意志人要获得德意志学位，就必须在外国的大学拥有一年的学习期：那么我们会愿意为达成这种效果而进入这样一种双边的或者普遍的操作体系吗？如果德意志人愿意在此类事务上将一部分权力交付一个国际性的教育机构，但条件是互惠，那么我们也应当接受这样的条件吗？假如认定出国旅行是打破德意志精神隔离的有效办法，那么应当鼓励战前的德意志旅游纪闻（同占领期间的旅游纪闻完全不是一回事）吗？此外，由德意志的当前敌人来探讨这个问题，并且来决定这是否能为德意志提供帮助，这自然会引发一个问题：既然德意志心怀恶意，试图在盟国及其友好国家创造出一片智识沙漠，那么是否这些资源有限的援助应当首先保留给那些友好国家而非德意志呢？

因此，即便依据有利的假设，认为德意志人自身已经为变革做好了准备，做出选择也是困难的。要协助德意志变革，实际上就等于是要求那些甚至对德意志民族的仇恨之火仍然在燃烧的各国政府，在某种程度上推进同德意志的密切智识联系，至少是容忍这种联系。另一方面，对德意志的道德抵制，依据目前的假设，也会拓展到那些愿意同过去断然决裂的德意志人身上，这很可能会摧毁一种更美好心灵的初次萌芽，并最终摧毁可以巩固安全的机会。

然而，假如有可能对德意志战后的观念运动进行判别，并认定不可能发生大的变化，尤其是在政策制定者的圈子里，那么外界将何以作为呢？相信只要充分利用强制力和"调教力"，就可以造就任何想要得到的心理效果，这是一种德意志幻想，而非不列颠幻想；不列颠政策无论如何都不可能支持诸如接管德意志全部教育体系这样的举措，并因此承担起实际的责任。不列颠更不会真的相信通过类似停战协定或者条约这样的东西，迫使德意志承诺给出特定的教育体制，会有好的结果。即便联合国可以经由此类举措获取广泛的权力，这些举措能否获得有效使用，而非只是应付一段时间并基于一种消极和防御性的想法而非基于一种创造性的想法，这是颇值得怀疑的。在我们当前所思考的局面之下，我们唯一的工具就是强力，或者说是以强力为支撑的说服，而教育这件事情本身则在任何深刻或者持久的意义上，都不可能屈从于强力。不过，即便是在教育领域，有限度的强制力或者有限度的强制性调教也是可以提供虽然有限但还是有用的协助，尤其是考虑到真实的情形不可能完全同我们设定的两个极端一一对应，真实情形应该是混合的。由此，出于当下安全的考虑，就应当由联合国对德意志广播、媒体、电影以及其他宣传形式进行控制和监察。同样是在这段时期，在必要情况下甚至要抗拒德意志当局的意志，应当确保德意志人接触外国文学、电影以及诸如此类东西的渠道畅通。同时也要采取一些实际的措施，比如准备一份信息可靠的新闻版块并强制进行宣传。任命一个教育委员会，以联合国作为权力支撑，有权力阻止一些教义在学校的传播，甚至还可以提供一些正面的指导，只要德意志当局对此类指导并不持坚决地反对态度。

因此，在联合国能够提供的强制举措也就在于一些有限的禁令和有限的强制举措，其目的是清除掉那种若侵略性的日耳曼主义信条继续得到公开信守便无法清除的安全威胁。若一项政策纲领更为野心勃勃，则很可能会欲速则不达，无法协助德意志国内的合作性力量赢得上风；联合国内部是否对此问题有共同见解，这一点并不确定。对于德意志舆论，外国肯定是要发挥一些影响力的，这一点无可避免，这些影响力更为深刻，也更为持久，但都是出自各国观念和制度自身拥有的自发吸引力，而并非出自刻意的尝试。考虑到俄国在德意志军事败局中所发挥的作用，俄国的影响力肯定是巨大的，尤其是德意志已经爆发过一场共产主义革命，这种影响力也就更为巨大了。另一方面，俄国的社会和政治技术可谓新颖，因此而增强了俄国在战后的吸引力，然而，这一切所提供的刺激会随着时间而慢慢削弱。德意志人已经形成了自认为俄国人的老师的习惯，而不是相反的习惯。

在西方国家中，美国对于德意志大众的影响力可能最为重大，因为德意志大众崇尚生产效率和权能。德意志大众对美国的影响力相对更为切近，德意志已经在上次战争中注意到了这一点,①这主要是出于他们对美国工业和商业技术的兴趣,而非对美国民主理想的兴趣。然而,如果在新德意志也曾发生过一场具有民主性质的革命,那么德意志如果要到外面寻求灵感的话,首先就会到美国的民主传统那里去寻求灵感,因为(不像不列颠)美国的民主传统是以清晰且可转译的语言表达出来的。

德意志战争派,根据战场上锤炼出来的规律,势必会继续将不列颠刻画成一个腐败堕落的国家,目的是让德意志人不会将不列颠视为兴趣对象或者影响力来源,对这一点必须有所准备。假如不列颠不受此类手法的影响,那么不列颠就仍然能够赢得德意志人的关注,无论他们是何职业。确实,不列颠在德意志的大众魅力不如美国或者俄国那么强;不过德意志人也会迅速注意到不列颠在政治、社会和文化领域展现的任何生机迹象。

因此,不列颠也许能够为德意志的变革提供令人赞赏的帮助,既可以通过典范的力量,比如说在不列颠产生的新一轮民主信仰,也可以预先就准备好以最充分的方式运用教育渠道。不过,无论外国能够产生怎样的影响力,只要德意志自身的领导人能够确立一种让德意志民众学习民主自由、政治责任感以及国际合作等方面课程的体制,德意志教育也就

---

① "德意志人在接受美国观念时,要比接受欧洲观念容易得多。"Viscount d'Abernon, *An Ambassador of Peace* (Hodder and Stoughton, 1929), Vol. I, p.19

能够获得一个恒久的新方向,此处所谓的学习是指能够让德意志人从中领会到切实的意义。毫无疑问,这意味着不仅是纳粹党,也意味着在前纳粹时代构成德意志侵略性民族主义之支柱的力量,都应当被逐出权力领域,并使之不能接近权力。此类人,除了众多的大地产主和垄断工业家之外,还包括军队、公务以及司法体系中的头面人物。德意志人能够发育出一套足以控制其统治者的政治机制,能够学会运用这套机制,这个问题特别值得关注。① 德意志再教育乃是一个实践性的问题,即便就个体教育这种流行意义来理解教育一词也是如此,德意志再教育问题的关键就在于其政治组织,这是最宽泛意义上的政治组织。②

战败的教训

最能够深刻影响德意志心灵的是那些来自实际经历的教训,而非那些通过教义和宣传传达的教训。这些教训将从个体层面对德意志人的思想和情感产生影响。它们同时也能影响到德意志人作为一个民族而接纳的种种印象。最终,就对德政策的当前决断而言,这些教训将主要对国家的统治者发

---

① 值得强调的地方在于地方政府作为政治责任感训练之地的重要性,尤其是考虑到德意志分权化的主张。
② 我们在这个小节里处理的问题最近已经另有人探讨过了,见 a Joint Commission of the London International Assembly and Council for Education in World Citizenship 发布的报告,见 *Education and the United Nations*(Gill, London, 1943)。

挥影响,向他们表明什么样的前景是遭到禁止的,什么样的前景是保持开放的。同我们的主题最为相关的德意志经验分为两个方面,其一是战败的经验及其后果,其二就是欧洲的新环境。其他国家,就常规的教育进程而言,顶多也只是个旁观者,但在这个问题上则是首要的行动者。

德意志经验提供的第一个巨大教训就在于德意志军队在尝试摧毁他国自由时遭受的显著失败。假如这一尝试取得成功,或者这一尝试的成功只是遭受了某种程度上的挫折,那就差不多可以肯定德意志今日将仍然生活在当前的精神状态当中。战败是否会产生相反的效果,这一点还不是十分肯定;假如整个德意志民族如此热衷于军国主义,即便如此巨大的打击也不能激发这个民族的任何深刻怀疑或者质疑,那么战败的经验将不会产生相反效果。可以预期,某些社会集团的情况确实就是如此,这其中很可能也包括数量庞大的年轻纳粹分子,他们将大屠杀奉为志业。不过,就德意志民族作为一个整体而言,再一次遭受失败势必会产生震慑效果,其程度也会超过上一次失败。再一次的失败会让德意志人意识到这样一桩残酷事实:有些事情是他不能做的,比如说,以其他国家为代价推行扩张和霸权之事。假如这一信念能够在这个民族的心灵当中扎下根,而在这个民族的政治存在中,扩张和霸权一度占据如此重大的角色,那么这势必会造成德意志社会结构的大幅度崩解,随之一同崩解的还包括众多的德意志主人观念。也许会很短暂,但应该会有那么一段时间,以新材料和新设计取代旧的废墟乃是可能的。在上次战争刚刚结束的那段时间,德意志文学①就见证了对军国主义价值的广泛抗拒。那些在军国主义当中有着既得利益的人肯定不会分享此种态度,而德意志大众当中,此种态度也不会是普遍的,因此无论如何都无法抵挡后续的精神回潮。然而,这倒并不一定意味着我们已经冷静评估了此种态度在何种程度上存在过,或者说,盟国已经在何种程度上以回应式的合作精神来应对此种态度。

跟随战败而来的很可能还会是德意志人之合作意愿的外在表现。在此种境况之下,最自然的做法也就莫过于从往日的优越性主张中明确撤退、在建立新的和更好的秩序方面表现出明显的合作热情,并表现出"过去的就让它过去吧"这样一种诉求。有必要仔细考察这样一项要求:究竟应当将哪些部分视为尝试逃避以往行为之必然后果的尝试;哪些部分是由于盎格鲁—撒克逊式样的感伤情调所引发的一种情感;又有哪些部分只不过是在对往日的强大敌人示以强烈友好态度的幌子下,掩盖着对弱小民族的不变态度,比如针对波兰和捷克,也正是这一点总是能够最好地考验德意志人之合作精神是否是真的以及其持久性如何。最为重要的是,必须要寻求实际政策制定者的认可。假如那些大权在握的人仍然坚持

---

① 比如,W. K. Pfeiler 在 *War and the German Mind*(New York, Columbia University Press, 1941)一书中就有过相关的描述。

旧有态度,那就没有什么希望获得新的视野,无论是对政府机器的直接控制,还是像魏玛体制那样,让一个名义上的革命政府没有能力扔掉往日梦魇的重负,这些办法都将失去效果。盟国的政策能够经得起这方面的仔细考察。假如德意志向着合作精神的转变是真实的,那么一旦到了需要决定就这种转变给予何种回应时,真正的困难也就出现了。

问题并不在于对于战犯采取的惩罚措施的严厉程度,也不在于一个战败的德意志应当服从何种程度上的补偿举措。很显然,惩罚问题就教育而言有着重大意义,不过这两者并非不可兼容。某种程度的惩罚是必需的,以便德意志汲取教训;究竟应当在何种程度上施加惩罚,这是政治家的事情。问题也不在于阻止未来侵略行为之决心的坚定性。确实,只有以此种决心为基础,我们才能最终同德意志谈论和平以及合作;若不具备这样一个基础,那么我们就只能谈论安抚,这还是就安抚这个词的糟糕意义而言的。一项拖沓且刻意示弱的政策最终将摧毁教育方面所做的工作。确实,德意志给欧洲带来的羞辱、贬抑以及恐怖,在任何时间段内都是不可能通过以眼还眼的方式获得补偿的。德意志人在同外国人进行个人交往时,势必会感受到国家行为所造成的后果。但是,假如公共政策制定者们真的愿意在德意志推进一种更健康的视野,他们势必就不应该为任何小的胜利而欣喜。这些小的胜利很可能会完全失去作用;假如紧随德意志大崩溃之后的疼痛不为人们所记取,那么此种刻意的拖延将会一无是处。

七、观念:合作的前景

实际的结论是,假如德意志之战败确实能够提供教育方面的价值,那么这种价值也只能在战败这一事实本身以及德意志侵略战争的直接后果中去寻找,后者可说是侵略战争所得到的公正结果。德意志的国际行为问题多少类似于个人的错误行为,在这方面,最为困难的决定就在于究竟应当在何时恢复合作政策(当然不是没有警惕)并终止惩罚政策。

合作性的环境

那些有助于变革德意志视野的人们,除非能够对德意志罪恶的程度给出评估,否则便肯定无力承担得起同德意志心灵之间的这场遭遇战。同时,他们的职责所在是要认清楚,德意志罪恶并不能全部用个体性的糟糕选择予以解释,德意志的罪恶在某种程度上也是糟糕环境的产品。因此,要造就一种更好的以及更具合作性的精神,一个关键性的办法就是帮助创造一种环境,在其中,合作可以成为实际上的规则。我们已经在德意志对于国际合作之可能性所持的怀疑主义态度中见证到根本性的障碍,因此,就不得不强调这样一点:那些将合作挂在嘴边的人,也必须同所有具备主动合作精神的国家展开合作行动,即便存在着进行其他选择的能力。但是,既然合作自当有其目的所在,那么问题也就在于找到一种统一性原则,这一原则是德意志,连同我们自己以及其他国家,最终都会予以遵守的。

除了以阶级为基础的统一性之外,还有另外两种新的统一性理论也进入了我们这个时代的国际政治领域。其一是让其他民族共同服从一个主人种族,这是德意志人一直在寻求创立的。其二则认为需要一项普遍契约以捍卫参与国的政治独立和领土完整,对抗外来入侵。在一个以国划界的世界里,各国都对保护自身有着共同利益,此一共同利益乃是一个稳定的世界秩序的本质性条件。但是,迄今,尚未证明存在一种足够强大的统一性纽带。罗斯福总统的"四项自由"为共同行动之目标提供了最具涵盖性和权威性的新定义。较之包括《大西洋宪章》在内的其他宣言,"四项自由"观念是有优势的,这种优势就在于其目标指向乃是个人,而不仅仅是国家。这一观念能够提供为德意志和其他民族的合作提供一个基础吗?只有事实能够回答这个问题。不过,将自由视为民主制度必须提供的伟大的动力性观念,并将"四项自由"视为民主体制应当致力于实现的特有目标,这也会带来问题,不妨考察一下问题之所在。

"四项自由"之普遍性,也就是说"放之四海而皆准",这本身就对德意志构成了挑战,因为德意志倾向乃是在其个体意义上来阐释观念。由此,所谓免于恐惧的自由对于德意志来说就意味着将邻国置于弱势地位,受其支配;免于匮乏的自由,对德意志而言就是扩张德意志经济空间的自由;思想自由则意味着只有纳粹思想可以自由拓展;宗教自由也相应地意味着践行新异教的自由。假如要在"四项自由"中寻求统一性原则，那么上述这些就都是德意志必须表示驯服的关键点。与此类似的是，假如"四项自由"观念要求保存前纳粹社会的某些特征，而纳粹体制本身正是为着对抗这些社会特征而生，那么"四项自由"在提供合作基础方面将会遭遇挫败。

侵略性民族主义自身的吸引力构成了德意志大众屈身纳粹领导权的一项政治因由，德意志精神当中也存在一种对抗机器时代的生存不稳定性的心灵诉求，这也为德意志大众的屈从提供了心理方面的动因。大规模失业凸显了个体生计和地位之于某些原因的依附境地，这些原因不仅非个人所能控制，也因其非人格化的特性而为个人所不能理解。德意志人，乃是机器文明时代之技术主宰力的先锋力量，尤其能够感受到机器施加的社会和精神奴役，也尤其能感受到因失去控制的机器文明之进展而得到推动的经济价值所施加的奴役。在德意志，浪漫派发动了回归自然运动，正是这种环境赋予了这些运动以意义，纳粹的大众诉求之所以能够取得成功，重大原因之一就在于纳粹看起来是主宰了机器，能够控制机器的社会效果，同时又能够充分利用机器提供的技术可能性。从情感上来讲，德意志大众，即便在纳粹体制之前的时代，都是深染着强烈的反资本主义情感，而纳粹体制的崩溃不管怎么说都会加重这种情感。

即便在良好的境况下，引导德意志人严重关切自由问题也并非易事。然而，德意志人必须对自由示以严重关切，否则便失去了同民主国家构建像样关系的唯一基础。很难说这个目标能否达成；但是有个条件却是必不可少的，民主国家应当通过榜样的力量来表明自由运用到社会当中并不必然就会招致那种缺陷，正是这种缺陷促使德意志人牺牲魏玛体制的相对自由来换取纳粹极权暴政，这些所谓的缺陷恰恰为纳粹宣传所利用。就德意志人对自由的了解而言，他们总是同自由联系起来并且错误地认定乃是内在于自由当中的主要缺陷在于：

（1）效率低下。自由体制在生产方面的效率反而使得它在分配方面的无效更为显眼。对于德意志工人阶级大众来说，"自由"似乎暗示了不安全；在年轻的男男女女看来，经济改善的前景、希望和地平线都是自由不能提供的。

（2）自私。共同体因自由而丧失了共同的归属感；没有团体目标。既然个人和团体都在相当程度上参与到竞争性利益的争夺战中，失败将招致严重惩罚，那么就不会给伙伴感或者团结感留下什么空间。

（3）不公正。对经济成功的看重，加之早期类型的社会特权于今已经了无意义，只是以排他性的方式进入一个经济时代，这一切都过于频繁地阻滞了通向天才和能力的道路，这样的天才和能力都存在于经济上的和社会上的特权集团之外。

（4）自由无法提供有说服力的目标，可供信仰和理想主义去追随。①

德意志投身纳粹,这在很大程度上可视为一种逃避此类缺陷和矛盾的尝试。随着战争的失败以及纳粹的崩溃,德意志人也用不着外人来告诉他们这是一次虚假的尝试。但是,对于经济、心理以及社会方面的失序,纳粹一度为这一切提供了虚假的疗法,如今将会继续对那些尝试在德意志塑造新的社会环境的人提出挑战。此外,尽管一定不能将一个新欧洲的议程留待德意志人的需要和经验去确定,但是德意志人的经验实际上也表征着在现代社会中广为散布的紧张因素。自由能够为将来提供基础性的统一性观念,在就这个问题做出决定之时,一项重大因素就在于:在一个倾向于逃避上述四种缺陷和危险的社会中,能否实现或者保存自由。

由此,任何一种体系,若将其作为共同国际行动的基础,就应当有其诉求所在,首先,要有效率,也就是说,为了达成想望的社会目标,这个体系应当知道如何充分利用新工业革

---

① 我们认为,在这个诊断中,遭受挫败的理想主义能得到的作用空间是有证据支持的。就大众的新秩序要求所做的纯粹唯物主义的解释,可以从最近一本书的相关段落中找到:"德意志人说,所有形式的国家在其演化过程中,都将会在不久的未来自我塑造成为类似于当代德意志、意大利和日本的那种形式,而且从历史角度来看,前者同后者也是平行的。大众的本质性的和关键性的要求乃是新国家的内容所在,这些要求将不再受制于政党领袖、牧师、记者或者知识分子所提出的观念、理论、命令以及禁令的影响力。大众要求一场总体性的变革,要求'新时代'的秩序,这种愿望如此强烈,以至于从今往后,没有什么东西能够阻止大众将自己的力量赋予那些为大众提供实现劳动社会主义所需要的工具的人;社会主义将通过机器来实现,若需要也可以诉求战争。当前,大众希望兑现的要求包括:(a)优裕的工作机会……(b)优裕的工资……(c)物价稳定……(d)娱乐和享受。" Karl Otten, *A Combine of Aggression* (Allen and Unwin, 1942), p. 299.

命所提供的科学和技术可能性。其次,必须以一种提升了的共同体的感觉为基础,这种感觉不仅要在一国之内发挥效用,而且也应当在真实的意义上,越过国家的边界。每个国家都应当为其公民寻求尽可能高的和尽可能安稳的生活标准,因此,就应当将"免于匮乏的自由"视为一项普遍性目标,也就是说,人类对食物和庇护所的基础性需求应当作为对世界资源的第一挑战而提出。在更高一级层面上则是创造性和冒险精神,在这个层面上,现代社会乐于设计雄心勃勃的物质改进工程(土耳其、俄国以及美国都提供了这方面的范例),这为相关的工人和技术人员提供了激励,使他们可以有意识地参与到一项伟大的社会性目标当中。即将到来的这个时代将会见证到此类创举的示例,无论是国际规模还是国家规模。① 不过,最为重要的一点在于,共同体要为每个个体成员提供地位感和某种程度的价值感,这是一个真正共同体的本质所在。

第三,迄今,任何实现理想中"平等"的尝试都不曾阻止

---

① 就德意志形势而论,此事非常重要。一方面,必须摧毁并纠正德意志在大片欧洲地区对高端技术的准垄断地位;另一方面,若将高技术人群滞留于失业境地,这将会招致危险。假如德意志的名字在俄国以及欧洲其他地方所招致的恶名不至于带来阻力,那么无疑会有大量人员在重建战争损毁地区的工作中恢复就业。还会有另外的人员在世界的落后地区得到工作。不过仍然需要保持警惕,以免技术人员变成他们所服务国家的主人。在将德意志技术人员作为国际"储备库"加以利用之前,所有国家都需要找到办法训练自己的技术人员,这意味着高水准的经济活力。将中欧地区的某些公共服务抢在德意志控制之前实施国际化,如目前这样,假如这一办法证明是可行的,那就不难创造机会让德意志技术人员进行合作,同时也可抗拒德意志控制的风险。

过产生一批又一批的老爷们，不过对这一点的意识一定不能模糊这样的事实：若特权不具备任何社会功能，那么维持这样的特权将很可能是一桩罪大恶极之事。在这其中就有这样一项特权，至少当前这一代人已经对之越来越无法容忍了，尤其是在不列颠，这就是教育特权。将来，只有那些能够将天才、诚实和个性推进到领导地位的教育体制，才能获得普遍赞成，无论这样的天才、诚实和个性身处何方。最后，若一个社会具备我们刚才所描述的生活品质，这样一个社会势必会对其成员的理想主义产生巨大的感召力，尽管道德行动的最终源泉并不在于社会秩序本身。

确实，一个有效、繁荣且相对公正的社会，在对社会利益的共同奉献中取得统一性，也仍有可能不会同强烈的非人性化产生冲突，也很有可能不会同个人自由的匮乏产生冲突，这种个人自由乃是关键性的社会活力。维持恰当的法律程序以及基础性的公民权利，这方面的义务足以在纯粹的政治层面上阻止人们将"福利法西斯主义"作为目标来接受。不过仅此一点还不足以穷尽问题。一项有着重大意义的历史事实在于，欧洲的道德生活乃扎根于一项有关人的观念当中，这项观念确认了人作为上帝之子而享有的精神命运以及尊严，人也由此而获得了真正的自由。欧洲传统所培育出的国家，若不进行某种自我贬抑，就无法接受那种将人完全囚禁于社会秩序当中的体制，无论是何等优秀的社会秩序。关于人的基督教观念在迄今盛行于西方的道德态度中获得了总体上的反映,尽管西方社会已经在很大程度上世俗化了。这同出自世界其他伟大宗教的伦理观念有着相当大程度上的共同之处。不过,有些洞见则是基督教特有的,比如关于至福这一概念,基督教观念中存在着一套悖反的见解,而这一概念本身在我们的各种社会伦理体系中都占据着特殊的位置,若将这一概念从社会伦理体系中剥离,就必然会对个人自由构成最为严重的威胁。至福概念乃是对效率的非人化影响力的真正解毒剂,也成了最能抗拒敌对体系的原则,而这些敌对体系则保持着对失败者和弱者的最刻骨的仇恨。

以德意志经验作为出发点,在尝试应对德意志经验所提出的挑战并维持一种自由且真正人性化的社会环境时,我们已经找到了政策方面的一些线索。但是,若我们的环境乃是为了给国家间的实际性合作提供长久的基础,并在合作过程中(正如人们希望的那样)推进合作精神,那么这种环境就必须是安全。

安全确实重要

将重点置于追求那种超越国家边界的人类共同目的之可能性上,此乃一桩新的和充满希望的事情;这实际上等于是允许那些美好的事业(当然还有糟糕的事情)在所有地方都能寻求追随者,无论是和平时期还是战争时期。不过,并没有迹象表明，国家（当然，在大多数情况下是民族国家）①，将不再会是国际生活的基础。是否存在一些可以容忍的条件，国家无论大小，若遵守这些条件，就可以享有免于恐惧的自由，这仍然是个关键的问题。一种其分配体制得到改善并且也更为稳靠的物质繁荣，今日已经得到人们正当的认可，视之为和平的一项本质性条件。但是，问题并非完全在乎经济方面。仍然要考虑到政治野心以及侵略性这样的因素。为了完成约束一个侵略性的德意志的任务，《英苏条约》已经有专门条款致力于巩固《大西洋宪章》的相关条款。对德政策方面的所有行动自由都应当取决于约束条款执行的实际情形。

但是，若仅此一个目的，其范围还不足以为安全提供充分基础。有人曾写道："自由制度的安全应当诉求自身的力量，而非靠着削弱敌人的力量。"②到哪里找寻找力量？首先，当然是要在每个自由国家自身。即便最伟大的自由国家也无法做到军事上的自足。军力的合作性使用对所有国家来说都是个问题，而且将来也仍然会是个问题，即便对那些通过联邦举措而得以在某种程度上增强军力的国家来说，也是如此。如果要合作性地使用军力，那么第一个问题就在于合作范围是有限的，比如区域方面或者其他方面，还是在原则上是普

---

① "在现代世界，民族主义乃是最强大的政治力量。"W. L. M. King, *The Defence of Common Liberties*(Cloutier, Ottawa, 1942), p.10; "我们能这样说吗，民族国家不但远远没有过时，而且尚未成熟？"G. Vickers 发表于 *World Order Papers* 上的文章(*Royal Institute of International Affairs*, 1940), 第173页。

② L. Curtis, *Decision*(Oxford University Press, 1941), p16.

遍性的。存在着倾向于军事地区主义的强烈情感和影响因素,这将使得军事地区主义成为战后时代的主流安全模式。针对此种军事地区主义,存在众多反对之声,姑且不提其他的,假如说当前这场战争所提供的战略方面的教训使得军事地区主义并不可行,那就会出现另一个巨大难题:若军力在公认的世界范围内予以使用,那么对军力的这种使用究竟会是武断的,还是会对国际法以及已经得到认同的国际行为原则形成支持。

当前在进行战争的三个主要国家,它们都是通过一些行动来开启侵略道路的,这些行动经过设计,意在确保那种为着合作性防御而设置的名义上的体系,找不到理由对付自己。这一体系的外围堡垒由各国的防御性联盟组成,在成功地摧毁这些外围工事之后(这其中并不是没有来自内部防线的协助),侵略者就开始攻击内部堡垒,比如国家本身的统一性、决心以及战争意愿等等。他们在这些情形中都取得了令人恐怖的成功,而这一点恰恰就是终极性的安全教训,因为在为捍卫共同秩序而组建国际团结以及民族抵抗这两项互补性的安全原则中,民族抵抗无疑是占据逻辑优先地位的。获得他人帮助所需要的条件就是:一个国家应当从自身做起,并且能够做到"若有必要就单独行动"。事态的进展很可能会远远超越往日里独立国家之间的合作概念,并进展到对关键武器的控制和对主要经济政策问题的控制需要合并进行的地步。不过,即便依据这一激进假设,国家作为个体也将会保留自身的军事和经济力量。事实在于，政策的某些方面将会日益超越政策自身的能力范围，因此有一点就变得特别重要：国家应当以最为有利的方式使用自身能够予以有效支配的权能，无论是在经济、军事、社会领域，还是在文化领域。公共生活方面那种力不从心的感受，一度折磨着战前的众多国家，特别是将战前国家暴露于侵略者的图谋当中，之所以会产生这样的感受，主要原因就在于这样一种暗示：除非别人先行动起来，否则自己什么都做不了。有些事情是为国家安全和人民福利所必需的，这些事情确实有待他人，还有一些事情则在我们自身的能力范围之内，也许，我们应当学会在这两者之间进行区分，若涉及后者，就付诸行动。

有众多因素是不为人知的，而且联合国对此还没有公开表明立场，因此，我们并不尝试在这份报告中确认未来的对德政策应当是怎样的。在此不妨重申一下，我们也无意考察国际秩序方面的更为宽泛的问题，尽管对德意志问题这个具体问题的考察会将人们带到国际秩序问题的门槛上。我们的目的是揭示出问题的一些环节，因为在这些环节上所做的决定都将是关键性的，同时也尝试揭示出，在每个环节点上，使用强制方式，或者替代性地使用非强制方式，将各自会产生怎样的预期结果。

世界将会在这一代人的时间里经受艰难的考验，在这所学校里，有两项教训就我们的当前目的而言是特别突出的。首先，我们所期望军事胜利创造的东西，并非事态的改进，而是一次改进事态的机会。其次,则是涉及国际事务当中的合作态度将会给个体民族欲望之实现施加的限制。对于希特勒这样的人来说,他可以完全自由地去提前数年进行巨大的谋划,因为他的目标就是将自己的意志强加在他人头上。而那些承认国际生活必须以合作的方式进行下去,并且也处于恒久的调适和妥协当中的人们,则必定要满足于更为短期的观点。他们可以在一个大的限制框架中规划自身的国内政策;就国际方面而言,他们能做的只是决定自身欲望的一般性导向,并尽其所能地保证开始的步骤是走在这个方向上的。和平是在经历一个缓慢的过程之后悄然消逝的,和平的回归也将经历一个同样是步履蹒跚的缓慢过程。我们不应当指望一下子进入到某种恢宏的环境当中,仿佛存在一种静态的且一揽子的"解决方案",我们应当从一个临时性的阶段进展到另一个临时性的阶段。在这个过程中,我们始终都要竭尽所能,世界乃是由众多因由和众多意志所塑造,因此我们应当接纳"让世界变得更好"这一视野的激励,而不应当接纳"让世界变得更糟"这一视野,纯粹的分裂性举动无疑会让世界变得越来越糟糕。

# 附录一
有关德意志战争行为
之因由的几项假设

注：德意志战争行为自有其原因或者是由多种原因汇聚而成，本附录无意穷尽这个问题上的所有可能假设。本附录只是逐级地列举一些更为常见的假设以及解释，这些都出自德意志国内，或者是由德意志人自己提出的。这些得到揭示的原因当中，并没有任何一项是为了单挑出来，让那些在各个假设当中都能够发现真理元素的人接受的。

1. 德意志是个天生赋有侵略性的民族；正是出于这种天生的侵略性，德意志人较之其他欧洲民族仍显得不那么开化（许多人正是这么看的），基督教也是因此扎根不那么深。在我们这个时代，此种事态是无法大幅度改变的。德意志只屈从那种更卓越的力量，只要这种力量能够得到确认。

2. 德意志人首先也是人，应当以人的方式加以理解，将无可变更的特性归之于整个民族，此种泛泛之举是误导性的。作为一个政治单位，德意志毫无疑问地展示出侵略性，但是，即便可以将这种侵略性部分地归因于种族，同样也应当在环境，尤其是教育当中寻找起因。一直以来，德意志人乐于倾听的教师都是这样一些集团(普鲁士军国主义集团、纳粹集团等)或者个人,他们的世界观虽各不相同,但有一种观念则是共同的:若时机成熟,就可以对他人的权利予以暴力性地践踏;不过,很多德意志人相比已经拒斥了此种观念,而且,作为整体的一个民族(除了一些数量有限的范畴,这些范畴是无法治疗的)也是有可能接受教育并拒斥此种观念的。

3. 德意志最近表现出侵略性,在很大程度上是由于德意志自1918年以来所经历的困难。一种看法认为,这些困难的首要原因就在于《凡尔赛条约》的过分严厉,假如《条约》不那么严厉,那么德意志的政策势必会具有更高的合作成分。另一种替代性的观点认为,条约的条款并非德意志人所遭受困苦的原因,这些困苦并非不值得怀疑,相反,是德意志方面的宣传使得德意志人认为自己在受苦,此类宣传得到了其他国家在总体上的容忍甚至怂恿。此类说服行动,加之,条约似乎冒犯了德意志的"威望"以及其他心理上的应激要素,这一切就成了德意志侵略性的首因。

4. 尽管一项不那么严厉的和平条约以及随后的处理办法,不一定能阻止德意志的侵略政策,但是若能认识到如下情况,则还是可以阻止德意志的侵略政策的:德意志是一个"有所欲求"的大国,若能够在不失限制的前提下尽可能地给予让步,说不定可以将德意志转化成一个"自我满足"的大国。

5. 德意志近来的侵略精神乃归因于这样一个事实：1918年之后，德意志得到了过于温和的待遇，不存在有着决胜之心的打击，没有断然的军备控制等等。假如当初的措施得力，那么是可以遏止德意志的。

6. 德意志近来的侵略精神归因于这样一个事实：德意志领袖人物所倾心的目标只能通过战争来达成，或者最起码来说，德意志领袖人物所使用的方法，比如在经济政策领域，将使得战争成为很自然的结果。人民，或者说，人民当中有着足够分量的那些部分，他们之所以追随这些领袖人物，是因为：

（a）他们都有着战斗欲望，或者最起码也期望从战争中获益；或者

（b）他们认为战争乃第三帝国的"使命"，因为认为战争是必要的；或者

（c）尽管他们厌恶战争，但他们在政治上并不成熟，这使得他们未能认识到危险所在，或者说，即便他们认识到危险，政治上的不成熟也使得他们未能推翻其领导人；或者

（d）他们乐于不计任何代价地支持任何人，只要能够带领他们走出大规模失业的泥沼。

7. 像德意志在1939年所诉求的那种侵略行为，乃是垄断资本主义在其特定发展阶段无可避免的结果，由此，这些

侵略行为都是可以获得充分解释的。

8. 德意志的侵略精神可以理解为一种尝试,试图有意识地通过强力来纠正一系列历史偶然事件加之于德意志的不公。在俄国、法国、英格兰和美国致力于建造并巩固各自的帝国之时,德意志还只是一个地理上的名词。此前的德意志一直都未能创造出为帝国扩张所必需的民族身份、统一性及其都城。等到德意志完成这些创建之时,扩张机会已经非常有限了。和其他民族相比,德意志民族及其人民无法为其企业的工业、科技乃至生物学潜能提供出口(在德意志看来,其他民族在这些方面的能力要逊于自己)。

9. "侵略性"并非德意志政策独有的特性。所有的国家都会竭尽所能借助最趁手的办法来自我伸张,无论是军事手段、经济手段还是道德手段。德意志只不过是碰巧成为欧洲侵略冲动最强有力的担纲者,如同往日的西班牙以及随后的法国那样。此种冲动将会遭遇失败,原因是外部所无法控制的。

10. 德意志不曾有过什么侵略性。他不过是在自我防卫,对抗外来威胁,比如四邻环伺的地理处境、斯拉夫威胁等。

11. "侵略"一词含有道德上的谴责之意,这个词并不合适。德意志人只不过是在针对此等对手而确认自身作为一个优越民族的权利。尽管对这一权利的判断除了德意志人自身的标准之外,别无其他标准,欧洲的第一波反应之孱弱实际上等于是承认了德意志人的判断。

12. 德意志之所以诉求战争,乃是为了将欧洲从犹太和布尔什维克影响力中拯救出来,也从世俗的不列颠分化政策中拯救出来;最终由此来完成创建欧洲之统一性的大业,这一点正是当前的历史时刻所给出的命令。

附录二
经济力量诸要素

注：此处提供的数据，仅仅是为了展示经济力量中某些主要因素的趋势和程度，这当然有助于了解未来，但是读者一定要记住，战争的进程、停战以及和平方案的条件以及战后的国内政策等等方面，如今都还是未知因素，这一切都会对数据所展示的趋势产生重大影响，假如不曾发生战争，这些趋势本是会不受干扰地继续下去的。

人口趋势①

	总人口（百万）			工作适龄人口（百万）	
年份	1929	1939	1960	1929	1960
不列颠	46.0	47.7	48.3	21.5	19.3
德意志	72.1	75.8	84.2	30.0	38.1

---

① Colin Clark, *The Economics of* 1960（Macmillan, 1942）。1939 年的数据取自国联 *Statistical Yearbook*, 1939—1940（Geneva, 1940）。不列颠方面的数据包含了北爱尔兰。德意志方面的数据则包括了旧有的帝国以及奥地利。

国民收入和工业生产

	国民收入①		英德国民收入比②	工作人口人均实际收入③	
	不列颠 (百万镑)	德意志 (百万帝国马克)	不列颠—德意志	不列颠	德意志
1925	4,375	59,928	1.46:1	1,077	579
1929	4,384	75,949	1.15:1	1,133	660
1932	3,884	45,175	1.28:1	932	557
1937	5,200	70,972	1.10:1	1,275	828
1940	6,454	100,000④	0.80:1⑤	—	—

工业生产⑥

	不列颠	德意志
1925	89.8	85.3
1929	100.0	100.0
1932	83.5	53.3
1937	124.0	126.2（1938）

注：(指数：1929—100)

---

① 不列颠方面1925年、1929年、1932年的估算数据来自 Colin Clark, *National Income and Outlay*(Macmillan, 1937);1937年的估算数据来自 *Economist*,1939年4月15号,1940年的估算数据来自 *Economist*,1941年4月12号;德意志方面1925年的估算数据来自 *Konjunkturstatistisches Handbuch*(Berlin, 1933),1933;1929年、1932年、1937年的估算数据来自 *Statistisches Jahrbuch Des Deutschen Reiches*(Berlin, 1937);1940年的估算数据来自国联 *World Economic Survey*(Geneva, 1941),1939—1941。

② 这方面的数据是从前面两组数据中粗略计算出来的,以方便比较;这些数据的前提是1925年和1929年1英镑的购买力相当于1932年20帝国马克、1937年15帝国马克以及1940年12.5帝国马克的购买力。

③ 是以"国际单位"进行换算的(也就是1925—1929年间的美元购买力);来自 Colin Clark, *Conditions of Economic Progress*(Macmillan, 1940)。

④ 这一数据包括旧帝国、奥地利以及苏台德地区。依据下面的假设:领土的增加带动了德意志国民收入增加了百分之十到十五,则1940年旧帝国区域的国民收入估算约为86,500—89,500百万帝国马克。

⑤ 若采用上一个注释中旧帝国区域的数据,则1940年的比率为0.90—0.93:1。

⑥ 国联 *Statistical Yearbook*(Geneva, 1933),1932—1933;1937—1938(Geneva, 1938)。

工业的战争潜能,1939①

	不列颠	德意志
1. 武器工业： 金属、工程、化学、精密仪器净产值（百万英镑计）	900	1,750
2. 钢铁产能（百万吨）	14	24

---

① 皇家国际事务委员会,*The Bulletin of International News*,1941年12月13日。

附录三
关于社会之基础的德意志观念和民主观念

究竟在多大程度上，德意志思想导致了德意志的行为，抑或，究竟在多大程度上德意志思想只是德意志行为的借口，这并不确定。不过，可以肯定的是，在许多代人的时间里，德意志一批又一批作家们的作品累积起来，构造出军国主义哲学和现实主义哲学的作品库。还存在另一个更具人文气息的思想传统，由伟大的德意志人熔铸而成，不过力量教义的鼓吹者们声音更大，并且也赢得了更为倾心的听众。教育政策的主要目标之一就在于带领德意志人回归欧洲传统的轨道，这一传统是德意志人一度拒绝了的。纳粹的一些主导观念，比如主人民族观念，同这一欧洲传统是直接对立的。在其他方面，那些有害的德意志观念实际上是对一些观念的滥用，这些观念若没有遭到滥用，也就不一定会同我们的观念形成敌对。假如我们的目的是要在德意志创造一种持久的国际合作倾向，那么我们的思维就不能局限于将我们自己的智识体系强加在德意志头上。我们必须寻求任何可能的共同智识基础，使得我们可借此获得一种谈话方式，不至于让德意志最优秀的思想都感到完全陌生。是否存在这样的共同基础，要找出这个问题的答案,基本的前提条件之一就是要尽可能清楚地观察一下德意志和民主国家构思社会之本性时所采用的方式。

大体上可以说,在这个领域,双方是存在巨大分野的,一边是古典的或者理性的思维,另一边则是历史的或者浪漫的思维。前者的教义,其终极来源乃是关于永恒有效性以及共同人性的斯多亚派或者基督教的自然法观念,这一观念所着重的乃是人类生活中那些可以使人超越特定共同体限制的元素,诸如法律、精神、理性以及伦理等等,而这些特定的共同体都是经由自然和历史塑造而成的。这一观念相信某些目标乃是全人类共有的,人也正是在追求这些目标的过程中获得了真正的实现。这一观念认为,特定国家的法律应当是对永恒道德法(也可以称之为自然法)的表达,国家之存在乃是为了对此种永恒道德法进行解释和执行,任何国家都没有理由违反此种永恒道德法。此种观念的塑造可谓一项巨大成就,尤其是这一成就诞生之时,正值人对自然和历史环境的依赖程度非常显著之时。这一观念并没有否认那些一望即知的元素的实在分量,但是它更强调那些能够使得生活在截然不同的环境中且经历也截然不同的人们获得一致性的事物,而非那些使得人们彼此分化的事物。然而,这一观念在我们的时代遭遇了广泛的批评,人们认为此种观念将个人同具体的因素剥离开来,而这些具体因素却对个人的生活有着强烈的影响。如果说自然法观念在一种意义上能够因其主张共同人性原则而具有统一的效应,但是在另一种意义上,情感越是强烈,其强度也就越大,若依据这一法则,则自然法观念乃是倾向于放松人的归属感,正是这种归属感才使得人在一个实际的共同体当中获得位置。

另一方面,历史主义派或者浪漫派的观点则强调在塑造社会过程中,历史和自然环境(比如地理、气候等等)的重要性,同时也强调这样的事实:当前状态乃是无可挽回的过往事件所构成的漫长链条的结果。这一观点着重于人身上的某些品质,正是这些品质将人同人生活于其中的特定民族共同体联结在一起,比如对土地的奉献、对种族的忠诚以及爱国主义等等。它视民族国家为一种活生生的存在,拥有人格属性的所有品质,比如连续性以及自身的意志和性格特征。然而,此种观念并非无法同一种更为宽广的义务兼容,只要这种义务并非局限于一个人作为其成员的历史性的共同体。此种观念确实能够作为对古典观念的一项有价值的限制而发挥作用,因为它强调了共同体自我发展的权利,只要不剥夺其他同类共同体的同一权利。但是,正如古典理论在经过夸张之后演变成为地方共同体力量的敌人而非真正国际主义的朋友一样,历史主义的观点,若经过类似的夸张,也可以为残酷、民族性的傲慢以及对普遍标准的否决提供借口。一旦遭到滥用,它就成为宗教、理智以及艺术自由的敌人,同时也会成为不能为政治权能控制者提供直接好处的事业的敌人。

德意志人总是表现出对历史主义观念的特殊偏爱,尽管这种观念无论如何都不是德意志人独有的，这一观念最早的且最杰出阐释者包括孟德斯鸠、柏克以及孔德等人，注意到这一点是非常重要的。纳粹扭曲了这一观念，这一观念本身就其起源而论，乃是一种诉求，希望人们认可民族共同体的诸多基础及其正当权利，纳粹则将这项诉求扭曲为实际上的一种主张，认为除了德意志之外，任何民族共同体都不具备权利。他们发明了一种种族理论，远远超越了骄傲感的正当限度，据此提出了雅利安种族优越性的主张并以之为借口对其他种族实施压迫。此外，纳粹还将一种完全异质的元素引入历史主义观念当中，据此而赋予了纳粹党完全出离于传统的权能，其结果就是，那些在性格上起初是保守的原则最终反而成了革命的工具并为革命提供了证成。如此一来，哪个共同体有权生存、德意志将由怎样的法律来统治，此类问题的决定权就在于纳粹党，而不再取决于法律所体现的既有传统了。在对外宣传中，纳粹完全放弃了传统主义诉求，转而声称自身乃是一场伟大革命的领导者，这场革命将越过民族界线并致力于扫除过去的所有不公正。

我们尝试在民主的社会观念和德意志社会观念之间找到可以沟通的环节，从中不难得出一个清晰的结论。德意志观念乃是对一种理论的扭曲，这种理论就其最初形式而论，不仅是必要的，而且还能够履行有价值的功能。此种理论一度对西方思想，尤其是不列颠思想，有着强有力的影响，民主制度时常在遭到夸张的古典观念或者理性观念的重压之下，陷入苦难当中。因此,我们的目标应当是引导德意志人清洗掉他们对理论的扭曲成分,德意志人如今正拜服在此类扭曲面前,同时也要引导德意志人纠正看待问题的角度,因此,德意志人需要承认存在着一种至高、恒久且普遍的法律,这种法律剔除了种族和民族方面的迷狂,并要求对所有人和所有共同体的权利表示尊重。德意志人素有强烈的历史感,必须引导他们赋予这种历史感以超越私人的意义,同时让他们认识到,一边是他们自己对共同体所做的历史主义有机论的解释,另一边是各个共同体之间的汇流观念,各个共同体既能相互帮助,又能各自成就其卓越之处,这两项观念当中,并没有什么东西是必然要发生冲突的。另一方面,德意志有机观念中的某些要素也正是民主体制所必需的,否则民主体制便无法保护自己,以便对抗那种以自身方式转化为极权体制的风险,无根的原子化个体若要汇聚在一起,便只能借助外在控制,这其中就蕴涵了向极权体制转化的风险。